童铠院士

上图 / 1950年4月，童铠（前排右一）在山东大学校园内与同班同学合影

下图 / 1954年6月，童铠（前排右四）与北京俄文专修学校师生合影

上图 / 1959 年，童铠（前排左二）获苏联科学副博士学位，回国前与老师同学合影

下图 / 我国双星导航定位系统主要发起人陈芳允（左）、童铠（右）

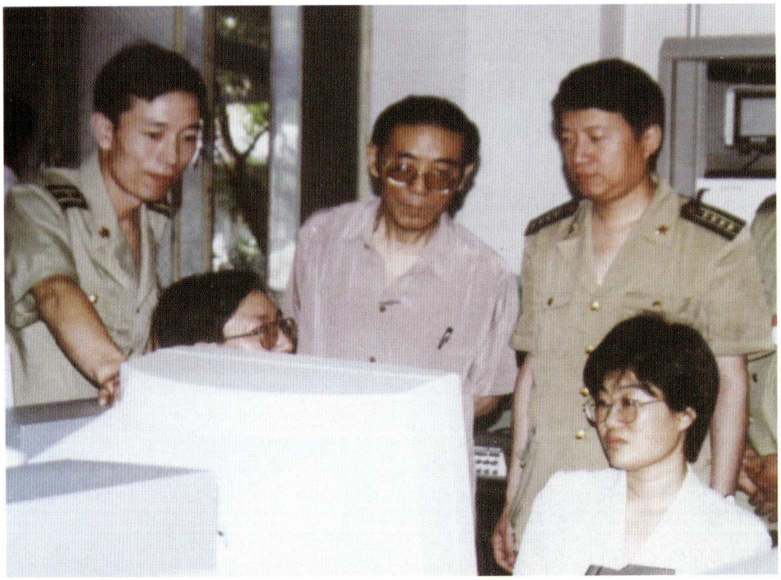

上图 / 童铠（前左）、许建民（前右）在风云二号气象卫星交付仪式上
下图 / 童铠（中间站立者）在北斗一号卫星导航应用系统地面总站了解和指导工作

1981年9月，童铠在450－1卫星测控工程校飞试验后留影

上图 / 在风云二号气象卫星 CDAS 接收大厅（左起：董力、童铠、范士明）

下图 / 1984年4月，地球同步轨道通信卫星发射任务成功后，张钧部长与童铠亲切握手

上图 / 童铠在北京卫星移动通信国际学术会议上作报告
下图 / 1992年元旦，童铠（前排右二）与研究生在家中聚会

上图/1963年，童铠与夫人王德润合影
下图/2004年，童铠在家中与夫人及儿子、儿媳、孙子、孙女合影

童铠院士传记

Academician Tong Kai's Biography

《中国航天院士传记丛书》总编委会 组织编写

朱 晴 著

中国宇航出版社

·北京·

图书在版编目(CIP)数据

童铠院士传记 / 朱晴著 ;《中国航天院士传记丛书》总编委会组织编写. --北京 : 中国宇航出版社，2017.11 (2018.3 重印)

(中国航天院士传记丛书)

ISBN 978-7-5159-1178-6

Ⅰ. ①童… Ⅱ. ①朱… ②中… Ⅲ. ①童铠(1931—2005)—传记 Ⅳ. ①K826.16

中国版本图书馆 CIP 数据核字(2016)第 228627 号

责任编辑　黄　莘
责任校对　王　妍　马　喆　　**装帧设计**　宇星文化

出　版
发　行　中国宇航出版社

社　址　北京市阜成路 8 号　**邮　编**　100830
(010)60286808　(010)68768548
网　址　www.caphbook.com
经　销　新华书店
发行部　(010)60286888　(010)68371900
(010)60286887　(010)60286804(传真)
零售店　读者服务部
(010)68371105
承　印　三河市君旺印务有限公司

版　次　2017 年 11 月第 1 版
2018 年 3 月第 2 次印刷
规　格　787×960
开　本　1/16
印　张　19　**彩　插**　8 面
字　数　256 千字
书　号　ISBN 978-7-5159-1178-6
定　价　68.00 元

《中国航天院士传记丛书》
总编委会名单

《童铠院士传记》
编审委员会名单

编审委员会

主　任　张洪太

副主任　赵小津　李　明

委　员　张廷新　杨孟飞　高耀南　徐福祥　侯深渊
　　　　卢春平　王作为　李　杰　李君三　傅　钢

编审委员会办公室

主　任　卢春平

成　员　张秋梅　魏　强　李　民　陈国宇　刘之辉
　　　　王　硕　王春香

序　一
Preface I

中国航天事业自1956年创建以来，已经走过50多年的发展历程。在党中央、国务院、中央军委的亲切关怀和英明领导下，中国航天人团结一心、顽强拼搏、勇于创新、无私奉献，不仅取得了以“两弹一星”、载人航天工程和月球探测工程为代表的辉煌成就，孕育形成了航天传统精神、“两弹一星”精神和载人航天精神，也造就了一支技术精湛、作风优良的航天人才队伍。

航天系统的中国科学院院士和中国工程院院士就是这支队伍的杰出代表。中国航天科技集团公司和中国航天科工集团公司先后有50多位科学家和航天工程专家当选为两院院士。其中，有7位院士获得过“两弹一星”功勋奖章，2位院士获得过国家最高科学技术奖。他们不仅是航天成就的主要创造者，也是航天精神的重要孕育者和忠实践行者。

中国航天事业是在新中国成立不久，工业实力、科技实力、综合国力都很薄弱，帝国主义严密封锁，苏联撕毁协定、撤走专家的情况下发展起来的。以航天院士为代表的中国航天人，自力更生，艰苦奋斗，奋发图强，顽强拼搏，在一穷二白的基础上，独立自主地创建起了中国的航天事业。

航天型号研制是复杂的系统工程，涉及很多领域，需要众人参与，必须大力协同、集智攻关才能完成。以航天院士为代表的中国航天人，在航天工程研制实践中，齐心协力，密切配合，实现了一次又一次技术突破，铸造了一项又一项辉煌成就。他们为祖国的航天事业作出了巨大贡献，却淡泊名利，不计得失，将个人利益置之度外。

航天事业属于尖端技术领域，难度大、风险高、技术复杂，在发展历程中碰到过很多难题，经历过各种坎坷，甚至遭受过重大失利。以航天院士为代表的中国航天人，在困难和失败面前不动摇、不退缩，树立百折不挠、锲而不舍、脚踏实地、严谨务实的工作作风，不断攻坚克难、勇攀高峰，取得了一个又一个胜利，树立了一座又一座丰碑。

今天，在由航天大国向航天强国迈进的征程中，航天院士的科学思想、创新意识、坚定信念和爱国情怀是全体航天人宝贵的精神财富。中国航天科技集团公司和中国航天科工集团公司决定出版《中国航天院士传记丛书》，不仅是为了宣传航天院士的科研成就，总结航天院士的成长规律，更是为了传承航天院士的宝贵精神，使之生生不息、薪火相传，为“续航天梦、筑强军梦、圆中国梦”的伟大实践提供精神动力和思想源泉。

2014年1月

序　二
Preface Ⅱ

中国航天事业创建半个多世纪以来，培养和塑造了一大批功勋卓著、德高望重的中国科学院院士和中国工程院院士。他们具有坚定的理想信念和强烈的爱国情怀，理论功底深厚，技术水平高超，善于引领科学发展和技术创新，在中国航天事业发展的关键时期发挥了重要作用，为中国航天事业取得辉煌成就、孕育航天精神作出了突出贡献。

为了全面、系统地总结航天院士的成长规律，把航天院士的科学思想和创新方法记录下来、传承下去，为中国航天事业积累精神财富，为航天强国建设提供有益借鉴，中国航天科技集团公司和中国航天科工集团公司研究决定，组织编写一套《中国航天院士传记丛书》（以下简称《丛书》）。

党的十八大描绘了坚持中国特色社会主义道路、全面建成小康社会、实现中华民族伟大复兴的宏伟蓝图，同时也为加强国防和军队现代化建设、推进我国由航天大国向航天强国迈进指明了方向。在中国航天事业“续航天梦、筑强军梦、圆中国梦”的新形势下，出版这套《丛书》，具有重大的现实意义和深远的历史意义。

记载航天历史。航天院士是中国航天事业的宝贵财富，他们的成长历程反映了航天事业的发展轨迹。这套《丛书》不仅是航天院士个人的传记，也从不同侧面记载了中国航天从技术到管理、从思想到精神的真实历史。

弘扬航天文化。宣传航天院士，就是站在科学的高度，向社会各界全面宣传航天事业，弘扬航天文化，使其成为中华民族文化宝库的重要组成部分，增强中华民族的自信心、自豪感和凝聚力，提升国家的软实力。

传承航天精神。航天精神是包括航天院士在内的几代航天人，在中国航天事业发展历程中，不断积累、提炼、传承而逐渐形成的，是民族精神、时代精神与航天实践相结合的产物，是中国航天事业之魂。《丛书》全面反映了航天院士的学术成就、科学作风和思想品格，有助于航天精神薪火相传。

培育航天人才。中国航天事业已经完成了新老交替，一代航天新人正在茁壮成长。《丛书》是泽被后世的人才工程，对于培育航天人才、发展航天事业、铸造新的辉煌将产生积极的促进作用。

总之，《丛书》是一套具有航天特色的爱国主义教材，是不可多得的精神食粮。相信这套《丛书》的出版发行，必将吸引更多的年轻人热爱航天、投身航天、奉献航天，以饱满的热情和昂扬的斗志再攀高峰，使中国航天事业后继有人，蓬勃发展，续写辉煌。

2014 年 1 月

目　录
Contents

引 子

地处江淮两大水系交汇处的江苏泰州，是座有着两千多年建城史的历史文化名城，古称海陵，与金陵南京、广陵扬州、兰陵常州齐名华夏，有“汉唐古郡，淮海名区”之谓。这里通江达海，自古水运发达，北宋时期即已发展成内河港口城市。

泰州“儒风之盛，夙冠淮南”，人杰地灵，名贤辈出，青史留名的有唐代书法评论家张怀瓘、宋代教育家胡瑗、元末明初文学家施耐庵、明代哲学家王艮、清代天文历算家陈厚耀、“扬州八怪”之一郑板桥……现当代则有地质学家丁文江、剧作家丁西林、京剧表演艺术家梅兰芳、著名文学史家朱东润等。

本书主人公，我国著名航天无线电测控及雷达和卫星应用技术专家、卫星测控和自主卫星导航系统的主要开拓者与奠基人之一、卫星测控及导航定位和信息处理领域的主要学术带头人之一的童铠院士，也是其中当之无愧的一员。在他身上集中了许多学术头衔：中国工程院院士，国际宇航联合会安全与救生委员会委员，中国宇航学会空间飞行器测控委员会副主任委员，中国雷达学会专业委员会委员，中国国际文化交流中心理事会理事，中国工程院信息与电子工程学部常委，“863”计划航空航天技术领域专家委员会顾问，中国空间技术研究院科技委副主任，北京航空航天大学、哈尔滨工业大学、国防科技大学兼职教授，教育部现代远程教育规划专家组组长等。

45年的航天生涯中，他一直工作在我国空间技术领域的第一线，主持完成了多项国家大型重点工程：主持研制成功的反导弹精密制导雷达获全国科学大会重大科技成果奖，先后作为副总设计师、总设计师主持研制成功的地球静止轨道通信卫星微波统一载波测控系统获国家科学技术进步奖特等奖，作为总设计师主持研制成功的风云二号气象卫星指令与数据获取站获国家科学技术进步奖三等奖，作为总设计师主持研制成功的“北斗一号”卫星导航定位系统地面应用系统获国家科学技术进步奖一等奖，参与并领导完成的我国第二代卫星导航系统的发展途径与方案可行性论证工作通过了国家立项，为我国卫星导航系统的发展作出了突出的贡献。

第一章

天资聪颖
尊师好学优等生

对一个天资聪颖、善于用脑、又肯下功夫的学生而言，心领神会地汲取知识的过程轻松而愉悦。学习中他从不满足于仅仅掌握定律、概念和解题方法，总是要追本溯源，彻底搞清楚来龙去脉才肯罢休。

童铠，1931年9月12日出生于江苏泰州一个大家庭。在此之前，父亲童植哉与母亲朱文贵已经养育有四个儿子和两个女儿。

童植哉在江运轮船公司任经理，每月有着不菲的稳定收入。此外，他还是大达轮船公司的股东之一。由著名实业家、教育家张謇开办的大达轮船公司，是我国近代航运史上颇有影响的江运公司。时至今日，在上海的黄浦江下游西岸，当年的大达码头不仅依旧留存，还在航运中发挥着辅助作用。

父亲为人热忱善良，不仅常为左邻右舍排忧解难，每到年关还总是拿出自家的粮食，周济附近的贫困户。母亲温柔贤淑，悉心相夫教子，勉力勤俭持家，幼年的童铠在亲人们的呵护下，过着衣食无忧的平静生活，幸福快乐地健康成长着。

1937年是中国历史上一个需要永久铭记的年份。7月7日，蓄谋已久的侵华日军向卢沟桥一带的中国军队开火，29军奋勇还击，拉开了全面抗战的序幕；8月13日，日军以租界及停泊于黄浦江中的军舰为基地，对上海发动大规模进攻，惨烈的“淞沪会战”持续了3个月后以上海沦陷告落；12月，日寇攻入国民政府首都南京，开始了长达一个半月惨绝人寰的大屠城，30万同胞死于非命，三分之一建筑被焚毁。

战乱让社会变得动荡不堪，百姓的生活也随之失去了往昔的平静与安详。日本侵略者到处烧杀掳掠，难以计数的家庭流离失所，不得不扶老携幼踏上艰苦卓绝且前景叵测的逃难历程。江苏腹地不通铁路，像样的公路也很少，主要出行方式就是走水路，大大小小的轮船成了人们逃生的载体。不断涌现的难民潮令轮船公司的业务变得异常繁忙，尽管所有的船只都不得不超载，码头上还是站满了翘首期盼的人群。

1937 年对童家而言更是一个悲伤不幸的年头。一天，轮船公司接到通知，一艘客轮上有旅客患了伤寒。这种突发事件本来是用不着经理亲自出面的，只需派个普通职员前去照章处理即可。然而，童植哉是个责任感和同情心都很重的人，知道伤寒是一种几乎可以与死亡划等号的急性胃肠道传染病，考虑到乘客们登船前大都经过长途奔波，风餐露宿，身心疲惫，再加上船中人满为患、空气污浊、卫生设施简陋，万一病情在船舱中蔓延开来会危及更多的人。他不顾同仁们的劝阻，不仅执意亲自前往码头，还毫无顾忌地登上船，近距离安顿病人，安抚旅客。

几天后，没有任何预兆，童植哉起床后突然感觉浑身乏力，没有一点食欲，随即开始发烧、腹泻，本以为是患了一般的肠胃炎，直至胸腹部出现了玫瑰疹才意识到是染上了恶疾，虽经多方救治，终因回天乏术而匆匆离开了人世。

此时的童铠只有 6 岁，下面还有一个出生不久的小妹妹。他还太小，尚无法理解和体会生死诀别的真正意味，只是看到妈妈哀恸欲绝，哥哥姐姐们悲泣不已，幼小的心灵被一种从未有过的恐惧感掳住，也不由自主地陪在一旁掉眼泪。

父亲是家中的顶梁柱、主心骨，也是唯一的经济来源，失去了支撑的孤儿寡母，生活很快陷入了困窘。幸好童家有着良好的家风，已经成家立业的大哥和二哥尽管自身经济并不宽裕，还是责无旁贷地肩负起赡养母亲和照顾弟弟妹妹的重担。

童铠从小学到中学，都是由大哥童坚伯资助读下来的，其他哥哥姐姐们也都各尽所能地给予了关心和帮助。

他入读的是洧水桥小学。“洧”在汉语字典中的正确读音为“wěi”，可泰州人都将其读成“yòu”。这里面有个小典故：泰州市中心有条玉带河，河上建有两座桥，东边的桥正对着一户姓沈的人家，就叫沈家桥，西边的桥位于另一条河的右边，便被称为右水桥。光绪年间，当地一位萧姓的士绅出资重修这两座桥。他认为右水桥名不够文雅，就取诗经《郑风·溱洧》中的“洧”字命名为洧水桥，并勒石于桥栏上。百姓们却不买他的账，坚持以原名称之，久而久之“洧”字在当地就约定俗成地被读成“yòu”了。

进入小学之后，童铠很快就适应了校园生活。他天资聪颖，有着很强的求知欲，也善于动脑筋，知识掌握得很牢靠，考试成绩总是名列前茅。在学校里，他不仅学会了读书识字和加减乘除，还结识了许多同龄的伙伴，相处之中激发出许多新的乐趣。

随着战争的不断升级，江南沪宁沿线城乡相继陷落，侵略者为了加快侵吞的步伐，将空袭的目标由重庆、西安、兰州等大城市转向内地的中小城市。泰州城区及周边乡镇先后九次遭到敌机的狂轰滥炸，平民百姓伤亡惨重，不仅数百间民房被炸成残垣断壁，还殃及光孝寺、北山寺、永宁寺等多处文物级古建筑。

空袭可谓是战争中杀伤力最强、破坏力最大、近乎摧毁性的血腥手段。每次空袭过后，一片片民房变成火海，一家家财产化为灰烬，空气中弥漫着刺鼻的硝烟，充斥着伤残者痛苦的哀嚎呻吟，瓦砾遍地的废墟残垣，血肉模糊的伤肢断臂，惨绝人寰的情景令人触目惊心、毛骨悚然。

劫后余生的百姓无法预知下一次灾难何时来袭，终日寝食难安，惊恐不定，许多人家为了避难，无奈之中选择了暂时逃离家园。童家也不得不关门闭户，去投靠乡下的亲友。为此，正读三年级、对学习充满兴趣的童铠，只好停学一年。

空袭过后的惨状，以及被迫离开校园远走他乡的辍学经历，给他幼小的心灵带来了很大的震撼。这个尚不满 10 岁的孩子，虽然还不可能理解华夏儿女积贫落后与受辱遭侵的因果，却初次体验到一种全然不同的情感，那就是仇恨，对侵略者强烈的仇恨！

复学重返课堂后，童铠好像一下子长大了许多，不仅学习态度变得更加认真主动，课余时间还经常和同学们一起走上街头高唱救亡歌曲。对手无缚鸡之力的学童而言，用稚嫩的歌声营造同仇敌忾的抗日氛围，也算是为全民抗战做点力所能及的事情吧。

诸多歌曲中他最喜欢唱的就是《救国军歌》："枪口对外，齐步前进，维护中华民族，永做自由人！装好子弹，瞄准敌人，一枪打一个，一步一前进……"每当唱起这首歌，他的小胸脯总是挺得高高的，胸腔中激荡着一种说不清、道不明的悲壮豪迈之情。

"有钱难买少年贫"，童铠是个心智早熟的孩子，小小年纪已经知道体谅妈妈持家的艰辛，不愿也不忍再给她增添麻烦，只要是自己能够动手做的事情，总是尽量自己完成，从而很早就锻炼出自强自立的性格和能力。

放学后，他从不出去疯玩乱跑，不是在家看书写作业，就是带着年龄相仿的侄子们一起学习课外知识，还不忘体贴地帮助妈妈干些力所能及的家务，看上去就像个少年老成的“小大人”。

从地理位置说，泰州属于亚热带湿润气候区，但由于冬季冷空气活动频繁，寒潮来袭时雨雪交加，温度也会降至零度以下。没有棉裤毛裤等可有效保暖的衣物，冷风瑟瑟的日子里，童铠只能靠多穿一条单裤御寒，实在冷得受不住时，就利用课间休息时到室外去跑跑跳跳，让身体产生些热量。

夏天则酷暑难当，不知道是否湿热入侵所致，童铠身上长了疖子，为了省钱，他不肯去医院接受正规治疗，自己到中药铺去买了些祛湿解毒的药粉回来，请妈妈用纸捻捅进疖子内进行排毒。化了脓的创面受到药粉的刺激，剧烈的疼痛令瘦弱的身躯禁不住发出阵阵颤抖，他却咬紧牙关强忍着，一声也不吭。

妈妈看在眼里痛在心上，泪水像断了线的珠子般一串串滚落下来。懂事的儿子见状，还强颜作笑地安慰妈妈：“没关系，只是有一点点疼……”

大哥家有四个孩子，二哥家有两个孩子，各自生活负担都不轻，还要赡养妈妈，关照几个弟弟妹妹，几家的日子都过得捉襟见肘，生活上只能量入为出，除了过年能得到少许压岁钱之外，平日里孩子们基本没有零用钱。

已经出嫁的大姐童淑仪最疼爱童铠，每次回到娘家，总不忘悄悄塞几个铜板给这个最小的弟弟。手里有了钱，他从来不舍得用来买那些充满诱惑的各种零食解馋，总是攒起来用于添置学习用品和购买课外书。

小学期间最大的收益不在于掌握了多少知识，而是被激活了潜在的求知欲望，被培养出了端正的学习态度，毕业时童铠以优异的成绩考入泰州中学。

泰州中学地处城西小泰山脚下，是一所文化底蕴深厚的省内名校，前身系1902年在宋代理学先驱、著名教育家胡瑗讲学的安定书院旧址建成的泰州学堂。

中学时期的童铠

胡瑗“致天下之治者在人才，成天下之才者在教化，教化之所本者在学校”的育人理念，奠定了该校薪火相传的坚实基础。百余年来校友队伍中人才济济，远的不说，仅当代的佼佼者就有测绘学界泰斗李德仁、其弟人工智能专家李德毅、我国电信事业的开拓者和奠基人侯德原、国际知名数学家夏道行、汉字信息处理开拓者支秉彝等多名两院院士。

在这座延续了绵绵文脉的名校中，童铠被教学经验丰富的老师们激发出更加强烈的求知欲望和更加广泛的学习兴趣。如同吃饭时不挑食一样，学习上他也不偏科，无论数理化还是文史地，都能毫无障碍地接受并消化吸收。

对这样一个天资聪颖、善于用脑、又肯下功夫的学生而言，心领神会地汲取知识的过程轻松而愉悦，凭借着饱满的积极性和主动性，学习中他从不满足于仅仅掌握定律、概念和解题方法，总是要追本溯源，彻底搞清楚来龙去脉才肯罢休。

童铠不仅尊师好学，而且性情随和，为人热情诚实敦厚，同学们遇到不懂的难题都喜欢找他请教。他总是有求必应，不是简单告知标准答案，而是条分缕析地予以讲解，耐心详尽，不厌其烦，直至对方明白了为止，被大家视为助困解惑的“小老师”。

教室之外，他驻足时间最多的地方就是校图书馆，虽然所藏有限，却足以令一个十几岁的少年瞩目流连了。开卷有益，历史故事、古典名著、中外小说、针砭时弊的期刊杂志……大量涉猎各类书籍让他开阔了眼界、拓展了胸怀，虽然既不算成熟也不够深刻，他却开始尝试着关注和思索民族的命运、国家的前途。

校园中还有一处时常能看到童铠的身影，就是相传为胡瑗亲手所植的银杏树下。历尽九百余年的雨雪风霜，这棵古树依然枝繁叶茂，粗壮挺拔的树干直径一米有余，沧桑龟裂的表皮如同披挂着的铠甲，平添几分凛凛的威风，硕大的伞状树冠遮天蔽日，形成一座天然的“凉亭”，裸露出地面的树根嶙峋横亘，形成蜿蜒错落的几排座位。

课余时间，他经常来到这里，或一个人静静地阅读着手中的书本，或与三两个同学一起探讨时事、畅谈理想，或索性什么也不做，就那么呆呆地凝望着远处，任思绪无边无际地发散与飞扬。

初中生正处于成长的关键时期，是从幼稚走向成熟的起步，从少年转为青年的过渡，性格在这个阶段确立，习惯在这个阶段养成。西方有句谚语“优秀是一种习惯”，此说法如果成立的话，贯穿童铠一生的这个习惯就是在泰州中学养成的。

快乐而充实的校园时光飞驰而去，不知不觉间初中三年的学习进入了尾声。童铠是学校中公认的优等生，直升本校高中本是顺理成章之事，可他却

1998年5月，童铠（左二）与江苏泰州中学同学在北京相聚

做出了令老师同学都大感意外的决定：放弃读高中，报考苏州工业专科学校。

做出这样的抉择，他是经过慎重考虑的，大哥二哥收入都有限，各自都有孩子在上学，还要供养母亲和弟弟妹妹们，读高中、考大学对自己而言是种不该有的奢望，与其读高中不如索性上工校，早日掌握些专业技能，谋一份适当的工作，既可协助哥哥们支撑家庭，也能为国家的强盛贡献自己的一份力量。

通过报刊上的报道，以及邻居中一位化学老师的介绍，童铠了解到苏州工业专科学校是苏州最早建立的工科类职业技术学校，“以教授高等专业学术，养成工业专门人才”为宗旨，享有“中国现代工业教育的摇篮”之誉。

他还知道，由于该校在省内名气很大，每年报名者趋之若鹜，竞争非常激烈，录取率一般都在 20∶1 以上，最高时甚至达到过 30∶1。不过，这非但没有让他产生丝毫的畏难情绪，反倒被激发出志在必得的坚定决心。

扎实的学习基础、良好的心理素质、正常的考场发挥，获取优异的成绩如同探囊取物，升学考试结束后，童铠如愿以偿成为了苏州工业专科学校电机专业的一名新生。

童铠

童铠院士传记

Academician Tong Kai's Biography

第二章

笃学尚行
知识技能双丰收

进入苏工专读书的都是优中选优的尖子生，他们刻苦勤奋、积极进取。为了实现心中的憧憬和梦想，大家根本用不着老师费心督导，一个个都铆足了劲儿，你追我赶地比着学，形成了良好的学习氛围。

苏州不仅是闻名遐迩的历史文化名城，还是近代中国教育发展的重镇，甲午战争之后陆续涌现出一批官办及私立的、现代意义上的新型大专院校，而且高等教育、艺术教育和职业教育并驾齐驱，致力于全面培养社会所需的各类人才。

苏州工业专科学校即是其中的一所。该校前身系创设于民国初年的省立第二工业学校，因战乱等各种社会原因，几经撤并迁移和更名，1946 年 2 月才刚刚从上海迁回苏州，与苏州职业学校合并，定名为江苏省立苏州工业专科学校，简称苏工专。

在中国的教育史上，民国是最灿烂的时期之一，“崇科学，重文艺，讲实用”的教育理念成为不同办学主体的共同选择。育人为本，德育为先，大部分学校都将校徽、校训和校歌视为“立校之基”，其中尤以校歌为重，享有“校魂”之谓。苏工专也不例外，新生入学伊始，先要接受相关的养成教育。

苏工专的铜质校徽呈三角形，看上去小巧而精致，如若不是听了老师的讲解，还真想不到设计者如此匠心独运，简洁明快的图案构成中竟然寄寓着“实业救国”的深刻内涵，童铠小心翼翼地将其别在胸前时，一种自豪感油然而生。

苏工专的校训就是镂刻在学校大门口影壁上的那四个醒目的大字：勤、勇、忠、信。能够让这四个字从庞杂的汉字家族中脱颖而出，想必决策者也是煞费了一番苦心的。区区四个字不仅彰显出师生们应该共同遵循的行为准则，也昭示着一种理想的人格境界。

苏工专的校歌言简意赅，阐述出学校的使命与追求，确实起到了“内召师生情感，外鼓师生士气”的作用。同学们每次唱起来都是满怀激情，铿锵有力的歌声仿佛不是源自喉咙，而是直接从心中流淌出来的：“灵秀毓三吴，风流儒雅自昔号文明。考工传补记，匠心独运艺术久垂名。君不见，欧风美雨制造日研精，赫然华族起抗衡。美哉！工业尚精神，莘莘学子努力镞前程。物质文化进步兮无量，吾校之光荣。”

学校的教学质量如何，很大程度上取决于师资力量。苏工专的教师队伍可谓精英云集，近半数有着海外留学的经历，不仅术业上各有专长，视野与襟怀也不同凡响，其中翘楚当属校长邓邦逖先生。

邓邦逖系曾任两广总督的民族英雄邓廷桢之后裔，先后在英国曼彻斯特大学和里兹大学研究班学习深造，学成归国后立志“实业救国”，并坚信“发展工业应从培养工业人才着手”。从首任校长刘勋麟手中接棒执掌苏工专之后，他便为了谋求学校的立足与发展殚精竭虑，倾注了全部的心血，抗战期间带领师生们在极端危险与艰苦的条件下坚持各种形式的办学，抗战胜利后又费尽心思使学校获得新生。

我国近代职业教育的开创者与奠基人黄炎培先生持“实用主义教育”的观点，很早就提出：“学校教育要与实际生活结合起来，使学生不仅具有理论知识，更具备精熟的技能，以备毕业后更好地处世与谋生。”

邓邦逖赞同这样的观点，在办学过程中坚持理论联系实际的教学方法，不仅重视实验室和实习工场的建设，还广泛联络相关工厂设立实习基地，让学生

苏工专时期的童铠

们走出校门到生产第一线去实地学习和掌握技能。

此外，学校的课程设置也非常注重实用性，科目分学科与实习两种，课时相等且同与考核挂钩。既重视基础科技知识的传授，更重视实用工程或工业项目操作技能的培养，目的就是能够有针对性地培养各类理论与实践相结合的高级工业技术人才。

考入苏工专对童铠的人生走向而言，是迈出的关键性一步。入学后不久，他就爱上了这所学风清正、纪律严明的学校，身心愉悦地融入了全新的环境。

他尊崇学识渊博、术有专攻且勤于执教的老师们。课堂上，他们循循善诱、旁征博引地铺陈开来，把原本枯燥的工科课业讲授得生动有趣，以至于学生们下课时竟会有意犹未尽之憾。课堂下，他们悉心点拨，深入浅出地答疑解惑，让求教者得享茅塞顿开之喜悦。用不着煞费苦心的冗长说教，老师们卓然超群的操守、风度、气质和情趣，潜移默化地让学生们有了做人的标杆和准绳。

他喜欢充满朝气、努力奋进的同学们。与勤奋的人在一起不会懒惰，与积极的人在一起不会消沉。进入该校读书的都是优中选优的尖子生，且大多来自贫寒家庭，刻苦勤奋、积极进取，是寒门子弟共同的特质。为了实现心中的憧憬和梦想，大家根本用不着老师费心督导，一个个都铆足了劲儿，你追我赶地比着学，形成了良好的学习氛围。

他热爱自己所学的专业，上课时总是聚精会神，认真到了不肯放过任何一个细节的地步，思维自始至终随着老师授课的脉络和节奏运转。他不仅重视电力电信基础知识和理论的学习与积累，对相关实验也毫不松懈，有时为了完成一项实验，可以专注观察几个小时，既要把原理搞得清清楚楚，也要把步骤与程序做得井井有条，力求避免不该有的瑕疵。

他同样重视工厂里的实习，一丝不苟地遵从指导老师的吩咐，仔细观察关键环节的要领，努力巩固所学知识，强化生产操作技能，用心体会专业理论对工作实践的指导作用，以及生产实践对理论的验正与补充。

实习让童铠切实体会到“听过的会忘记，看过的能记住，自己动手做过的才真正明白”的真谛。通过实际操作不仅能提高动手能力，还能让书本知识更好地与实践融会贯通。每次实习课后，他都坚持一丝不苟地做笔记，认真总结自己的收获和感悟，明确哪些是需要加深理解和进一步掌握的，那些是应该注意避免与杜绝的。

知识和能力不仅来源于书本、课堂和实习工厂，课外活动也是不可小觑的补充。虽说是工业专科学校，学生中也不乏多才多艺者，课外活动之丰富无逊于普通高中，社团集会、专题讲座、文艺演出、时事辩论、校刊壁报，既是学生们展现才艺的平台，也活跃了年轻的生命。

对于能够开启心智、放飞精神的课外活动，童铠也持有浓厚的兴趣。他聆听专题讲座，给校刊投稿，编辑班级壁报，参加排演文艺节目，有意识地尽可能多领域涉猎，全方位拓展自己的见识与能力。

他积极参加学生社团排演的抗战题材话剧《第二代》，饰演了剧中的父亲——一位爱国教授。尽管是第一次登上舞台，由于事先做足了“功课”，他将这个角色演绎得惟妙惟肖，那句点题的台词情感把握得更是恰到好处：“上一代人死的死了，老的老了，未来的责任全靠你们第二代了！”

有了良好的开端，接下来他又与同学们一起推出了另外两场话剧：一场是著名的《十字街头》，还有一场是他们自编自导自演的、以民众盼望早日迎来解放为内容的《黑暗中的暴风雨》，都给观众留下了很深的印象。

乌飞兔走，光阴如梭，获得苏州工业专科学校的毕业证书时，童铠已经从一个懵懂少年成长为拥有一定专业学识与技能的稳重青年。

苏工专在社会上有着非常好的口碑，业界人士对该校毕业生的评价也很高，认为他们拥有真才实学，所学知识与技能可以在工作中发挥立竿见影的作用，而且个个作风踏实，既博学又能干。要想在苏州找一份安稳的对口工作，对品学兼优的童铠而言是手到擒来之事。可是他却没有这样做，而是毅然决然地返回了泰州。

与许多青年学生一样，童铠一直关注着动荡的时局，为了获取解放区的消息，还自己动手装了一台矿石收音机，悄悄用耳机收听电台广播。得知泰州即将解放，怀着对解放区的向往，他放弃了留在苏州谋发展的机会，迫不及待地回到了家乡。

没有读高中，让他总有种文化课基础不够牢固的感觉，为了弥补自己心中的缺憾，童铠索性又重回母校泰州中学，到高三年级插班复读一年。与此同时，他还利用晚上的时间在泰州电厂工作，一来可以有些收入贴补家用，二来也便于巩固和加强专业素养。

虽说是插班生，且只读了高三一个学年，童铠却后来居上，不仅毕业成绩不逊于班里的尖子生，日后还当之无愧地跻身为母校争光者的行列中。

持有中专和高中两份毕业证书，刚满 18 岁的他打算尽快找一份工作，既能够早日为国家效力，也可以减轻家中的负担——尽管有两个哥哥的接济，可四哥正在华北某校学习还未毕业，妹妹也在读书，需要用钱的地方还很多。

然而，一封来自远方的信不仅打消了童铠找工作的念头，还就此改变了他的整个人生。信是许久未通音信的三哥从青岛寄来的，内容很简单，除了问候亲人们之外，就是嘱咐小弟尽快前往探亲。

生活上和学业上一直受惠于大哥、二哥的资助，思想上对童铠影响最大的却是这位三哥。在他的心目中，三哥是个富有神秘色彩的偶像——高中没读完就自作主张地辍了学，悄悄离开家，只身前往黄桥参加了新四军，并先后在江苏、浙江、山东等地从事风险极大的地下工作。

能够前往青岛与多年未谋面的三哥相聚，让童铠大喜过望，他稍事准备就迫不及待地踏上了旅程。这是他第一次出远门，内心既感到兴奋，又免不了有些忐忑，一路上对所见所闻充满了新鲜感。

童铠

童铠院士传记

Academician Tong Kai's Biography

第三章

品学兼优
奠定人生好基础

在全校49届新生中，他第一个被批准加入新民主主义青年团，很快又加入了共产党，随后还担当起学校团总支书记的重任，在实际工作中锻炼成一名出色的学生干部。

睽违近十年，兄弟俩见了面几乎不敢相认——彼此的变化都超出了对方的想象。三哥离开家时，童铠尚不满十岁，还是个充满童真的孩子，如今已成为文质彬彬的青年。经历过革命熔炉锤炼的三哥，变化更是全方位的，名字从童镇改成了童辛，身份从高中生变成了青岛市公安局副局长，举止做派沉稳干练，还带有几分军人的挺拔与威严。

长时间只身在外，三哥很惦念故乡的亲人们，详细询问了包括侄儿们在内的家中每一个人的状况，最关心的当然还是眼前这个最小的弟弟，由衷地希望能够为他做点力所能及的事情。

得知童铠拥有苏工专和泰州中学两份毕业证书，正准备在家乡找一份工作时，他当即萌发了一个想法："新中国刚刚成立，正处于百废待兴的局面，社会主义建设需要各方面的专业人才，你具备很好的发展基础，先别急着找工作，把眼光放远一些。我的意思是你不要回泰州了，就留在青岛，报考山东大学，好好深造几年，准能派上大用场！"

上大学读书深造，童铠心里不是没有憧憬过，只是不忍心再给大哥、二哥增加负担了，面对三哥的提议，他既动心，又为难。似乎看穿了弟弟的心思，没等他开口，童辛接着又说：“不用为钱的事情操心，只要你能考上，学习期间所有的费用我包了……”

如沐春风，如浴甘霖，童铠的心一直被深挚的手足情温暖着、感动着，以前是大哥二哥，现在又轮到了三哥。他从来没有对大哥、二哥表达过内心深处的感激之情，此刻也没有对三哥说出致谢的话语，不是缺少感恩之心，而是唯恐“谢”字一旦说出口，就会亵渎了兄弟间血浓于水的亲情，令彼此变得生分起来。

在三哥的陪同下，童铠前往山东大学报名，第一志愿填报的是该校工学院的电机系，这是当时最热门的专业。出来探亲没有带课本，再加上已经临近考期，也没有多少临阵磨枪的时间了，这让他不由地在心中暗自庆幸重回母校读了一年高三。

共和国成立之初，还没有实行全国统一高考，各高校都是自行出题，自主招生，考试也不分文理科，高中里学过的主要科目都要考，只是在统分时会按报考专业做相应的科目分数参考。连续多年的优等生、学业掌握得相当扎实的童铠，尽管没有复习，还是一考即中，如愿成为了山东大学工学院电机系的一名新生。

山东大学前身为1901年创办的山东大学堂，是继京西大学堂之后我国创办的第二所国立大学，与不少近当代教育、文化、科技领域的名人均结过或任教或就学的缘分，工学院院长丁履德即是其中的一位。

这位杰出的内燃机专家早年毕业于交通大学，在意大利都灵航空研究院获得工学博士学位后，又前往美国耶鲁大学机械研究院进一步深造。来山东大学执教前，他曾先后任教于浙江大学、西南联大及美国纽沃克工学院，堪称资深教授。

学识渊博的丁履德为人谦和平易，没有一点院长的架子，不仅亲临讲台

1949年9月，童铠（后排左四）与山东大学电机系同学合影

授课，还经常到宿舍里去了解学生们的学习和生活状况，帮他们辅导功课，解答疑难问题。他力主充分发挥教授在教学中的主导作用，要求他们不光讲大课，也要讲基础课及选修课，讲师助教则主要负责课外辅导。

大学里的学习不再单单是知识量的扩大与积累，而更侧重于学习方法与思考能力的培养和训练。课堂上，老师绝不会依据教材照本宣科，而是只讲重点、难点，以及自身对相关理论系统结构的理解和诠释，要想全面掌握所学课程，课堂上认真做笔记便成为不可或缺的重要途径之一。

每次上大课，童铠总是早早就来到教室，尽可能坐在靠前的座位，集中精力，紧紧跟随老师的思路，不走神，不掉队，努力将老师讲到的每一处重点都清晰地记录下来。下课后，他还会结合教材对笔记进行整理和补充，并从中感悟老师的思维方法和思考过程。

学校里的教授们大都是些饱学之士，讲课时各自展示出不同的风格与魅

力：有的条理清晰、层次分明、重点突出，以富于启发性的分析与独到的精辟见解引领着学子们逐层走向深入；有的思维严谨、语言生动、事理相融，将深奥的学科内容诠释得明晰透彻且通俗易懂；还有的凭借着深厚的文化底蕴和渊博的科学知识，引经据典、纵横中外、海阔天空，除了解析本领域学识之外，还传授了不少外围的相关知识，将学问的魅力展现得淋漓尽致。

在名师们的引导与熏染下，童铠学会了如何独立思考和怎样合理表达，掌握了科学正确的学习方法，具备了自主获取知识和独立解决问题的能力，不论基础课、专业课，还是选修课，他都顺理成章地取得了不俗的成绩，刚升入二年级，就当选为学校的甲等学习模范生。

与此同时，在三哥言传身教的直接影响下，童

1950年4月，童铠（前排右一）在山东大学校园内与同班同学合影

铠对人生有了更深刻的认识和更远大的目标，不仅学习上名列前茅，政治上也积极要求进步，处处严格要求自己。在全校49届新生中，他第一个被批准加入新民主主义青年团，很快又被批准加入了共产党。

由于各方面的表现都很突出，他在同学中享有很高的威信，也深得党团组织的信任，加入党组织不久，即被委以校团总支书记的重任，从而在实际工作中锻炼成一名出色的学生干部。

青岛刚刚解放不久，社会还不很安定，学校里党团员很少，再加上政治运动频频，千余名学生的思想工作全靠为数不多的学生干部去做，校团委几乎天天要开会，布置这样那样的任务。童铠始终保持着饱满的工作热情和高度的责任心，开会从不迟到早退，对工作如何开展也颇有主见，认真严肃的态度显露出一种与年龄不符的老成，因而被同学们戏称为“小老干部”。

在山东“大汉”居多的校园里，来自南方的童铠显得瘦小单薄，一副白框近视镜使本来就清秀白皙的脸庞又平添了几分文静。未泯的稚气和灿烂的笑容，让他看上去不像成熟健壮的大学生，而像单纯腼腆的中学生，大家都亲切地称呼他“我们的小童铠”。

童铠虽“小”，却能够担当大任务，在校团委任职期间完成的最显赫的大任务，当属参与组织全校师生为志愿军捐献了一架米格 15 战斗机。

1951 年 6 月 1 日，正值抗美援朝战争进入白热化阶段，中国人民抗美援朝总会发出号召，要求全国各界捐献飞机大炮等武器给志愿军，为了认捐方便，还对各种武器进行了折价，一架米格 15 战斗机 15 亿元（旧币，相当于人民币 15 万元），一辆 T34 坦克 25 亿元，一门大炮 9 亿元。

随即，山东抗美援朝分会提出全省捐献成立“山东空军师”的号召，青岛全市掀起募捐活动，各行各业都行动起来，大学生自然不能等闲视之。对于一所大学而言，15 亿元可不是个小数目。教师们还好说，尽管收入有限，个个都慷慨解囊，每月捐出工资的 10%。学生们根本没有收入，许多人都是靠奖学金或补助金读书，哪儿有钱捐献呢？

于是，在校团委的组织下，大家想方设法去赚钱，物理系的给人洗印照片，水产系的兜售自制的海鲜罐头，学机械的上街给人修理自行车，有的给学校刻蜡板，还有的利用课余时间去打零工，总之是八仙过海、各显其能。集腋成裘，聚沙成塔，半年募捐期内，山东大学的师生们硬是凑够了 15 亿元，成功地认捐了一架战斗机。

连续多年的战乱，对国家方方面面造成了极大的破坏，百废待兴的社会急需各类专业人才。据统计，全国大学生在校人数仅 11 万人，工学院学生更是少之又少，每年毕业生不足万人，实在难以满足经济建设的需要。

为了适应工业发展的迫切需求，工学院将 49 届学生的学制由四年削减到三年，学业不变而课时压缩，师生们教与学的节奏都必须更加紧凑。好在大家都虔诚而单纯，既不乏干劲，又充满激情，每个人都是努力再努力，加油再加油。

课程量相当大，各科老师开出的参考书目也很可观，要想全面掌握学科内容，这些书都是非看不可的。学习任务本来就繁重，童铠的自我要求又很高，还要为团组织的工作付出许多时间和精力，压力之大可想而知，要想统筹兼顾，唯一的途径就是尽量减少睡眠时间。

物质生活很清苦，缺乏必要的营养，又不能保证足够的休息，长时间超负荷运转，难免会给身体造成伤害。结核杆菌趁虚而入侵及了肺部，他竟全然没有感觉，既没打针吃药，也没卧床休息。若不是抗美援朝中想参干而体检未能过关，他根本就不知道自己得了肺结核，幸好年轻的身体有着很强的自我修复能力，病灶处不治自愈，只留下了钙化点。

每一天都过得紧张而充实，辛勤地耕耘必然会收获丰硕的成果，童铠大学三年的成绩册显示：第一学年各科平均成绩为 86.5 分，第二学年各科平均成绩为 89.3 分，第三学年各科平均成绩为 86.2 分。

大学时期是提高专业水平和综合素质、为一生打基础的重要阶段，系统科学的专业训练培养出获取知识和应用知识的能力。他很庆幸自己有机会在这座著名学府中亲炙名师，增长了学识，提高了能力，拓宽了视野，树立了信念，提升了境界，并决心终身铭记母校的培养，努力用自己的一生践行“学无止境，气有浩然”的校训，发扬“崇实求新”的校风。

1952年9月，童铠（左一）在山东大学工学院无线电教研室当助教时与同事合影

毕业后，童铠并没有离开学校，因品学兼优而被留在工学院任教，成为电机系无线电教研室的一名年轻的助教，并兼任教师党支部书记。

教育部推出“以华北、东北、华东为重点，进行全国高等院校的院系调整工作”的计划后，工学院的电机系与机械系被迁往省府济南，并入山东工学院。童铠也随之离开风光秀丽的海滨青岛，来到景色也很迷人的泉城济南。

不过，他在这里也没有长期逗留，很快就迈上了人生旅途的又一个新台阶——上学时是勤勤恳恳的模范学生，工作后是兢兢业业的优秀教师，他先后做过数学、电工学、电子管电路、无线电基础等课程的辅导工作，由于业绩突出，被学院选拔保送到留苏研究生预备部学习，准备前往苏联留学深造，攻读副博士学位。

童铠

童铠院士传记

Academician Tong Kai's Biography

第四章

赴苏留学
四年斩获副博士

他不是钻进实验室里投入试验、分析数据，就是坐在图书馆中阅读文献、查找资料，心无旁骛地在学问的殿堂中修炼，宿舍—图书馆—实验室，三点一线苦行僧般的生活持续了很长一段时间。

新中国成立后，社会主义建设既缺乏资金和技术，又缺少人才和经验，面对西方社会的经济封锁，借鉴苏联的经验和寻求其援助似乎是唯一可行的途径。于是，社会上掀起了全面向“老大哥”学习的热潮，赴苏留学成为诸多学子的首选目标和热切向往。

然而，因条件要求所限，只有极少数幸运的“命运宠儿”才能够如愿以偿。

首先是政治条件，要求有三：历史清楚，政治上完全可靠，思想上进步者；学习工作积极努力，品行优良，有培养前途者；家庭成员与主要社会关系无政治问题，三代亲属中没有地主、富农、资本家及海外关系者。

仅这三条就排除了一大批人，其他还有学历条件、身体年龄条件及学科考试成绩等要求。对于这种“小米筛子加细箩”的层层审查，社会上有种流行的说法：“够入党条件的不一定够留苏条件”。要求之苛刻可见一斑。

留苏预备部设在北京俄文专修学校内，又称“俄专二部”，地处太平湖畔的醇亲王府内。可别小觑这个留苏预备部，这是周恩来总理亲自批准，并指定教育部钱俊瑞、组织部安子文和外交部伍修权三位部长共同负责筹备起来的“留苏学生摇篮”。

1954年6月，童铠（前排右四）与北京俄文专修学校师生合影

在清光绪皇帝诞生的这座轩敞宅院内，学习条件并不优越。偌大的房间里，分上下铺住着百十号来自全国各地的学生，桌椅板凳全没有，课外时间复习，要么或坐或卧在自己的木板床上，要么就只能在院落中找个相对安静的角落席地而坐。

为了达到强化培训的目的，从上第一课开始就用俄语开讲，一堂课下来，没有基础的人完全不知所云。俄语很不好学，颤音和卷舌音特别不好发，语法也很复杂，名词的变格，动词的变位，对于初入门者都是拦路虎。

为了能跟上老师讲课的进度，童铠恨不能把分分秒秒的时间都利用起来，除了尽可能多地背单词外，还采取课前预习的办法，一个词一个词地抠，一句话一句话地记，开动脑筋摸索规律，努力掌握发音要领，再加上敢于张口

说，一段时间后便渐入佳境。一年的强化期满后，已经足以应对一般性的听说读写。

由于国家计划调整，出国日期被推迟了一年，利用这段时间，童铠又前往上海交通大学师从张煦教授深造。

张煦先生系江苏无锡人，1940 年在美国哈佛大学获得博士学位，是我国通信科教事业的奠基者和领跑人。数十年来，他始终紧跟通信科技发展的潮流，不断开拓新领域，推出新理论、新技术，撰写新著作，编写新教材，为国家培养了大量的专业人才。

他是我国为数不多的“百岁院士”之一，一生颇具传奇色彩——曾有机会亲眼目睹“无线电之父”、诺贝尔奖得主威廉·马可尼的风采，还是世界著名物理学家吴健雄女士的知己，两人纯洁真挚的友情一直延续到生命的尽头。

此时的张熙正值壮年，很赏识聪颖稳重、勤思敏学的童铠，教授悉心调教、抽丝剥茧、循循善诱，学生认真努力、举一反三、触类旁通，彼此间缔结下深厚的师生之谊。在名师耳提面命的指导下，童铠的学业更上一层楼，专业功底愈加扎实，思维被训练得更加敏捷，思路也变得越发开阔，虽然不过短短一年时间，教益却惠及终生。

1955 年，怀着对世界上第一个社会主义国家的憧憬，肩负着祖国和人民的重托，童铠登上了前往苏联的 K19 次国际联运列车。在《莫斯科——北京》的乐曲声中，车轮缓缓启动，百余位青年才俊开始了他们人生中一次至关重要的旅行。

20 世纪 50 年代，我们国家还是一个农业大国，据当时的资料记载，12 个农民一年的收成可以供养国内的一个大学生，而供养 12 个国内大学生的费用才够供养一个留学生。不说在国外平时的开销，仅国家为每位留苏学生提供的出国“装备”，就是一笔不菲的支出：一条中等厚度的羊毛毯子、一件藏蓝粗呢面的丝绵大衣、一件浅灰薄呢面料的夹大衣、两套西服、一件粗线毛衣、一顶冬天的御寒帽子、一件浅米黄色的风雨衣、6 双鞋子、4 件衬衣，不但连内裤和袜子都没有忽略，男生还发有领带，女生则领到了香水与面霜。

西装、皮鞋、毛毯、呢子大衣，这些高档的装备不要说拥有，以前连想都没有想过，一身簇新的西装革履让童铠看上去神采奕奕，并且温文尔雅。他从心里感到温暖，暗下决心：“出去后一定要学有所成，用自己的一生来报效祖国人民的培育之恩！”

这是一段漫长的旅程，北京至莫斯科行程近 8000 千米，耗时需整整一周。好在同行者大都是前往留学的年轻人，且以学理工者居多，有的是大学毕业后去研修更高学位的，也有的是去读大学的高中毕业生。共同的目标和理想让大家一见如故，彼此间有说不完的话，聊到兴奋处，还会有人情不自禁地哼起歌来。只要有人起了头，便是群情激荡的大合唱，《白桦树》《小路》《红莓花儿开》《共青团员之歌》《莫斯科郊外的晚上》……脍炙人口的苏联歌曲一首接一首，俄语夹杂着汉语，大家唱得兴高采烈，每一天车厢中都充满了欢歌笑语。

这也是一段壮美辽阔的旅程，沿途多变的风光让这些从未出过国门的青年人大饱眼福，新奇感冲淡了日夜兼程的劳顿。火车离开满洲里就进入苏联境内，行驶在世界最长的铁路——横贯欧亚大陆的西伯利亚大铁路上，穿越乌拉尔山脉和西伯利亚针叶林地带。车窗外的景致绚丽多姿，洁白的桦树林繁茂葱茏，碧绿的大草原苍茫辽阔，金黄的沙漠广袤无垠，湛蓝的贝加尔湖浩瀚壮观，再加上散落其间那些具有异域风情的城市与村庄，简直就是一幅色彩斑斓、令人赏心悦目的风景画卷。

列宁格勒即今日的圣彼得堡，是苏联第二大城市，距离莫斯科还有 600

多千米。这座沙皇俄国的旧都是文化艺术名城，也是世界上最大的科学和教育中心之一，拥有各类高等学府30余所。

童铠就读的列宁格勒电信工程学院是一所专门培养电信工程师的学校，也是苏联电信专业最高学府之一。能够在这样一座著名的大学中学习深造，他深感机会难得，也分外珍惜。

万事开头难，初到一个完全陌生的国度，置身于全新的生活和语言环境中，方方面面的困难是可想而知的。生活上一切都可以逐渐适应，最大的困难还是在学习上，虽说有了一定的俄语基础，应对日常交流问题不大，但面对大量的专业名词，还是免不了感到茫然，随时可以求教的老师就是一本厚厚的词典。好在俄文虽然结构形式复杂，但每个结构都有单一对应的表达方式，理解起来不容易出错，而且拼读一致，看见生字都会念，只要记住读音，

1955年9月，童铠（后排左七）与苏联列宁格勒电信工程学院中国同学合影

也不容易写错。

苏联有着严格的学位制度，颁授给研究生的学位分为副博士和博士两种，副博士高于西方的硕士，但略低于博士。副博士研究生学制为三年，外国留学生由于语言问题可适当延长。获得副博士有两个必需的条件：各门必修课的考试成绩都必须合格，之后才有资格申请论文答辩；完成一篇与副博士水平相当的学术论文。所谓副博士水平指的是必须具备新颖性、独创性和系统性的研究成果。

研究生的学习与本科生有着本质的区别，本科期间是被动学习，教授主要传授的是怎样去接受知识，掌握学问；研究生阶段则是主动学习，导师着力引导的是怎样去思考、去怀疑，如何去发现，去创新，贡献出新的知识来。

也就是说研究生阶段要在专业领域进行更深层次的研究，仅仅将前人的认知据为己有是不够的，还要致力于突破甚至颠覆前人的认知，为下一代累积新的知识，而整个研究探索的过程必须独自冲锋陷阵，导师只在一旁起引导和保障作用。

必修课既不用上课，也没有指定的教科书，甚至不规定考试时间，主动权完全由学生掌握，只要你认为准备充分了，学校就可以尽快为你组织考试。童铠本来就是个善于学习、乐于求知的好学生，信奉孔子所言“为之，则难者亦易矣；不为，则易者亦难矣"，在理想信念和对祖国的赤诚之心激励下，以蚂蚁啃骨头的精神开始了全新的留学生涯。

"文献是科学研究的生命"。要想全面掌握所选课题相关领域的研究背景，不仅需要阅读海量文献，还必须以审视的眼光去研读，分辨出哪些是真金，哪些是沙砾，从而寻觅并确定自己的研究方向和突破口。在这个过程中，除了需要下苦功夫外，创意和想象力也起着不可小觑的重要作用。

学习探索之路没有捷径，更不能投机取巧，必须一步一个脚印地走下去。童铠通常都是早上 9 点准时开始学习，不是钻进实验室里投入试验、分析数据，就是坐在图书馆中阅读文献、查找资料，心无旁骛地在学问的殿堂中修炼，中午就近买两个面包或三明治充饥，直到晚上 11 点多才回宿舍休息，宿舍—图书馆—实验室，三点一线苦行僧般的生活持续了很长一段时间。

导师是一位教学经验非常丰富、学术功底十分丰厚的资深教授，对学生的要求严格到了近乎挑剔的地步。最初的一段时间，慑于那不怒而威的气势，童铠在他面前不免有些拘谨，接触多了之后，发现他其实并非像外表那样令人望而生畏，而是一位内心温暖善良的谦谦智者。

一般情况下，他每周可以见到导师两次，见面时先汇报学习的进展情况，导师认真倾听后给予适

1955年，童铠（左六）与苏联列宁格勒电信工程学院同学在一起上课

当的意见，并推荐一些新的书目和资料。阅读和探索的过程中，他总是努力发现问题和提出问题，以求尽量地多从导师那里得到教益，尽快充实和提高自己。

自身心有灵犀，悟性通达，有时候导师的提点不过是简单的一两句话，童铠却总能心领神会得其真谛。最让他感动的是每次离去时，教授都不忘说一句："你做得很好，就这样继续下去，一定会成功的！"

童铠很适应这种宽松自主的学习方式，最大限度地发挥着主观能动性，每一天都过得很充实。对于学术研究，他有一种发自内心的热情，渐入佳境后，更感受到了做学问的快乐——直接以经典或前沿的原创论述为蓝本，对各种不同的观点加以分类和综合，从参照与比较中拓展思路，通过深入地研

究、思考、质疑，与先贤进行跨越时空的探讨甚至激辩，逐渐形成自己独特的见解，既强化了深入学科的兴趣，又领悟了品赏科学的精彩。

别看必修课考试都是开卷的，而且只是口试，难度却一点也不低。主考老师提出问题，学生当即作答，即便随身带着笔记，也来不及现场翻阅查找。如若胸有成竹、反应机敏、回答准确、表述流畅，三五道题就可能被放过；倘若缺乏自信，回答得磕磕绊绊、含含糊糊，还不时卡壳，就难免会被一连串尖锐的追问击打得败下阵来。

“书山有路勤为径，学海无涯苦作舟”。有导师悉心的点拨和激励，再加上自己心无旁骛地勤学苦读，很快他就得以登堂窥奥，不仅陆续将几门必修课全部攻下，并顺利通过了考试，从而获得了申请论文答辩的资格。

由于在大学里长期担任党团干部，具有思想政治工作经验，童铠先是被推选为列宁格勒电信工程学院的中国留学生党支部书记，后来又相继担任了全苏中国留学生党总支委员、副书记，党总支书记则是正在苏联中央团校学习的钱其琛。虽然需要占用宝贵的时间和分散一定的精力，但他始终把组织的需要置于首位，努力把分内的工作开展得有条不紊。

直到完成了论文的开题报告，基本思路和框架设计都得到导师的认可后，他才开始允许自己享受寒暑假，课外活动也渐渐丰富起来，从而有机会领略苏联多种元素的灿烂文化，感受列宁格勒多种风情的艺术氛围。

童铠很喜欢这座以河流多、岛屿多、桥梁多、宫殿多、教堂多、雕塑多而著称于世的美丽城市，波光潋滟的涅瓦河穿城而过，宽阔的水面上永久性停泊着揭开十月革命序幕的阿芙乐尔号巡洋舰，河畔两旁旖旎秀美的自然风光和优美壮丽的人文景观令人目不暇接。

偶有闲暇，他喜欢随意地独自在街头漫步，感觉仿佛置身于一座巨大的露天博物馆内，华贵典雅气派非凡的冬宫、富丽堂皇美轮美奂的夏宫、气势恢弘具有童话般色彩与造型的滴血大教堂、寓意深刻匠心独运的青铜骑士、千姿百态随处可见的城市雕塑、材质不一异彩纷呈的大小桥梁，无不是造诣高超的艺术精典。

特殊的地理位置决定了列宁格勒还是世界上少有的几个“不夜城”之一，夏季长达几个月几乎没有黑夜，最长一天的日照时间可达 23 个小时。极昼期间，晚饭后人们纷纷走上街头，举行各种形式的狂欢活动，载歌载舞、尽情尽兴，几乎完全摒弃了时间观念。遇上狂欢的队伍，童铠总会情不自禁地驻

童铠（左一）与苏联列宁格勒电信工程学院同学合影

足观望片刻，感叹苏联人竟是如此的洒脱奔放，如此的纵情欢乐。尽管由衷地欣赏与艳慕，受含蓄内敛性情的阻碍，他却从来不曾尝试过参与其中。

总体而言上苍是公平的，夏日里尽享明媚的阳光，冬夜便不免寒冷而漫长，这里冬季最短的白天只有五六个小时。好在市内各种类型的博物馆和影剧院众多，民众丰富多彩的文化生活丝毫不会受到天色的影响。

冬季里最好的运动就是滑冰，列宁格勒是花样滑冰的发源地，当地青少年大都热衷于这项运动。在一位苏联同学的热心讲解与示范下，童铠很快就完成了从蹒跚跌撞到进退自如的冰上训练，并从此对滑冰产生了浓厚的兴趣。在流光溢彩的华灯照耀下，他尽情地在晶莹平滑的冰面上享受驰骋和旋转的感觉，不仅可以充分活动筋骨，还能够有效释放紧张的情绪和心理压力，让整个人都变得轻松舒畅起来。

毕业论文是对学生研究能力和学术水平的考量，撰写过程更是对思维方法和资料分析综合能力的全面训练。顺利开题后，童铠并没有急于求成，而是认真梳理文献资料，用心整理分析数据，扎扎实实地打造着“精品工程”。

按规定，副博士论文答辩的前提条件是必须在杂志上公开发表两篇以上的论文，还要在答辩日期 3 个月前在报纸上登出答辩通告，并向各学术机构的有关学者发出 100 份论文摘要。虽说答辩会是非常严肃的场合，可这里的规定是面向社会，不论何种身份，只要有兴趣就可以到现场来聆听。

论文答辩既是对学习成果的全面检验，也是获得学位的最后冲刺。童铠为此做了充分的准备，反复斟酌润色后完成的论文《多路通信磁信调制器》主题鲜明突出、架构严谨有序、论述充实完整、观点清晰明确、文笔精练畅达，学识与才情都发挥得淋漓尽致。

七位资深专家教授组成的学术委员会主持答辩，每一位委员都神情庄重，正襟危坐。

1959年，童铠（前排左二）获苏联科学副博士学位，回国前与老师同学合影

这是一个很好的展示舞台，童铠觉得此举成败并非一己之事，而是代表着身后成百上千的中国留学生。他衣着得体，举止端庄，态度从容镇定，怀着经得起最严格检验的自信，用标准流利的俄语不疾不徐、通达流畅地宣读了自己精心撰写的论文，并用翔实的实验数据令人信服地回答了评委们的提问，展现出扎实的理论功底、清晰的思维条理和敏捷的反应能力。

经过一番短暂的讨论，学术委员会全票通过了他的论文答辩。

在热烈的掌声中，童铠微笑着走下讲台。导师激动地迎上前来，紧紧地将其拥入怀中，久久不愿放开，随即动情地说："你是我带的第 13 个研究生，在我们这里 13 是个不吉利的数字，可你却是最好的一个，我为你而感到骄傲！"

1959 年 6 月，童铠如期获得了副博士学位，顺利完成了从学生到学者的升华，为留学生涯画上了圆满的句号。导师特意选购了一本精美的大相册，送给他以示祝贺和纪念。

在苏联著名高等学府中接受了最系统、最优秀的电信专业教育，以及相关的学术训练，童铠最大的收获是掌握了正确的学术研究方法，具备了综合分析及融会贯通的能力，形成了活跃的思维方式，这为他日后的人生道路铺垫了良好的基石。

此外，导师精深的学术思想，严谨的治学态度，鲜明的学术风格和倾向，对他未来的科技研发工作也产生了深远的影响。

童铠

童铠院士传记

Academician Tong Kai's Biography

第五章

风云突变
暂别国防高科技

他怎么也想不通为何会发生这样的变故，既不相信三哥会做出通敌叛国之举，又不能怀疑党组织会冤枉好人，心中乱作一团梳不通、解不开的麻，却又不能不接受和面对这严酷的现实。

毕业前夕，童铠的工作就已经有了着落——他被分配到了国防部第五研究院（简称国防部五院）。这是国家新成立不久的国防尖端科技部门，由大名鼎鼎的钱学森亲自担任院长，能够成为其中的一员，是许多科技学子梦寐以求的。童铠更是心驰神往，恨不得插上翅膀立刻飞回阔别四年的祖国，尽快将学到的知识转化为能力，在新的工作岗位上大干一场，为国家和社会作出自己的贡献。

留苏期间，每个月可以领到700卢布的生活费，过惯了节俭生活的童铠，并没有因为手里有了钱就变得大手大脚。他知道国家为了培养科技人才而不惜代价，这些钱来之不易，都是百姓们的血汗，方方面面建设需要用钱的地方很多，吃饱穿暖之外，自己没有权利铺张浪费一个卢布。

好钢要用在刀刃上，离开苏联之前，他没有给自己添置任何东西，只给家人选购了几件小礼物，把平日省下来的卢布悉数都买成了工具书。这些装帧精美、价格不菲的俄文典籍又厚又重，整整装满了两只硕大的木箱，日后不仅在长期的科研工作中发挥了重要的作用，还使他身边的许多人受益匪浅。

童铠怀着矢志报国的炽热愿望和投身国防尖端科技的一腔豪情，在火车上经受了一周的颠簸，终于回到了祖国的怀抱。在首都北京稍事休息，顾不上恢复长途旅行的疲惫，他就迫不及待地登程去看望年迈的母亲及家人。留学期间不允许回国探亲，整整四年没有见到亲人们了，自然是归心似箭。

见到多年在外的儿子站在面前，妈妈高兴得像过年一样，又是买又是做，忙前忙后地张罗了一大桌子菜。大哥、二哥和侄子们都过来了，一大家子人问长问短、有说有笑地吃着可口的饭菜。长时间形只影单地生活在异国他乡，这浓郁的亲情对童铠而言，不啻于冬日里的阳光和沙漠中的泉水，无比温暖且弥足珍贵。

与此同时，他的心中又有种说不出来的滋味，不过四年时间，妈妈却苍老憔悴了许多，头发已经完全白了，脸上的皱纹明显多了不少，腿脚似乎也不如以前灵便了。饭桌前她很少说话，只是一个劲儿地往远道归来的儿子碗里夹菜，自己却吃得很少，而且不知为什么，看上去一副心事重重的样子，眼神中不时流露出一种莫名的忧伤——难道家中出了什么不好的事情吗？

众人散去后，童铠陪着妈妈聊天，看着她几次欲言又止的样子，实在不忍心发问，只是随意讲些在国外的见闻。直到老人家睡下了，他才悄悄把妹妹叫到一旁，忐忑不安地问：“家里出了什么事吗？”

妹妹先是一愣，随即便红了眼圈，哽咽着说：“三哥被关起来了！”

简直是当头一棒，他怔了片刻才追问道：“啊？为什么？”

“说是犯了通敌叛国罪……”

怎么会发生这样的事？童铠简直无法相信自己的耳朵。早早就毅然辍学投身革命队伍、冒死从事地下工作、在公安局当副局长的三哥，在他的心目中是一个完完全全将自己献给革命事业的楷模，不仅资助他上完了大学，还引导他成长为一名立志为祖国的繁荣昌盛而奋斗终身的知识分子，这样的人怎么可能会通敌叛国呢？

百思不得其解，怎么也想不通如何会发生这样的变故，他既不相信三哥会做出通敌叛国之举，又不能怀疑党组织会冤枉好人，心中乱作一团梳不通、解不开的麻，却又不能不接受和面对这严酷的现实。

其实，这是一个冤假错案，而且是惊动了中央书记处、中组部、最高检，由公安部专案组直接审理的重大冤假错案。

毋庸讳言，20 世纪 50 至 60 年代，“三反”“五反”“肃反”“反右”“四清”“文革”，中华大地上政治运动一个接着一个，导致了一批又一批无辜者的命运大逆转。先是中央出了个“高岗、饶漱石反党联盟”，随即曾任山东省政府副主席的向明被认定参加了“高饶反党联盟”，接下来曾任青岛市委书记的王少庸与青岛市公安局副局长葛申又成了“以向明为首的反党宗派集团”的骨干。

当年的山东省省委书记舒同实施“宁左勿右”政策，席卷全国的“反右”运动本已结束，他又创造性地发明了“整风补课”，进一步扩大化和无限上纲。主政青岛的市委第一书记滕景禄紧随其后，致使该市冤假错案连续发生，株连百余人，先后有30多人被关押入狱，童辛即为其中之一。

童辛虽说只是高中肄业，在当年的市公安局中也算是知识分子了，担任负责派遣工作的副局长。这项工作主要是针对台湾，除了派遣侦察员（特工）经香港潜入台湾外，还会将一些经过“改造”的国民党被俘军政人员放归台湾。

他的“罪行”有二：一是借向台湾派遣侦察员之际向敌特机关传送重要情报；二是包庇放纵反革命和敌特分子。

当年根据情报部门的斗争策略，对派出人员除进行必要的专业培训外，还要酌情提供部分情报，以便他们能够藉此得到敌特机关的信任。这些情报中有真有假，甚至还会有少量无关紧要的绝密级“货色”。出于保密需要，提供的情报均由情报系统单线决定和部署，其他部门并不知情。

负责整人的人从童辛处找到一些关于部队的情报，并没有按照程序先请示独家管理情报工作的公安部，而是直接交由海军青岛基地来鉴定真伪，结果被认定其中有部分属实，严重泄露了军队的机密。这便成为他的罪证之一。

地下情报工作无所谓手段，重要的是目的。出于策略方面的考虑，公安部门对台湾潜入内地的特务并不是发现一个抓一个，而是故意把有利用价值的放出境。这本是反特斗争中一项成功的经验，却成了童辛的又一项罪行。政治运动嘛，欲加之罪，何患无辞！

市公安局副局长通敌叛国，算得上是大案要案了，而且涉案者不是一两个人，而是一批人，不仅有市公安局的，还有省公安厅的。自此，童辛被关押在秦城监狱的单间牢房中，接受了长达数年之久的审查，直到始作俑者滕景禄坠楼自杀，不实之词才得以推翻。他重获自由身，并官复原职。

刚从国外学成归来的童铠当然无从了解案中详情，直接就被三哥入狱这个晴天霹雳击懵了。好不容易才让自己的心平静下来，他首先想到的是应该及时向组织汇报这一情况，自己很可能已经不适宜再去国防尖端科技部门工作了。

探亲结束，离开亲人之际，心情沉重的童铠面对妈妈不知该说些什么，此刻任何语言都是那么的苍白无力。一向不擅直白地表达内心的温情，也不忍直视老人家隐忍的伤感目光，他破天荒地紧紧拥抱了她，随即便调转头快步离去，为的是不让亲人们发现自己眼角的泪花。

返回北京后，他立即前往国防部五院的政治部，坦诚地汇报了三哥的问题，并且表明了自己的态度："如果这种情况导致我不合适留在这个单位，也可以安排在地方单位，没有关系，在哪儿都是工作，我无条件服从组织的调遣。"

不是童铠多虑，国防部第五研究院是我国首个火箭导弹研究机构，成立伊始确立的三项重点任务就是研制弹道导弹、防空导弹和无人驾驶飞机，不仅全是尖端科技，而且具有高度机密性，对从业人员的政治条件要求之严格可想而知。

留苏归来的副博士，一直品学兼优，又是共产党员、学生干部，所学专业也对口，童铠本来是不可多得的理想人选，偏偏直系亲属出了问题，而且还背负着很重的罪名。这让人事部门颇感为难，用是绝对不敢用，放走又感觉舍不得，讨论再三后，做出了一个不得已而为之的决定：先将他留在部队系统内部另派用场，待其兄的问题进一步明朗后再酌情定夺，以免流失到地方单位，需要时难以往回调。

于是，童铠被借调到中国人民解放军军事电信工程学院从事教学工作。

童铠

童铠院士传记

Academician Tong Kai's Biography

第六章

因祸得福
缔结一生好姻缘

童铠并不清楚自己在西军电工作只是五院的权宜之计，在这里踏踏实实工作的同时，还收获了爱情——聪明能干又温柔美丽的王德润从女同事发展成女朋友。他俩最终结为伉俪。

中国人民解放军军事电信工程学院的前身为1931年诞生于江西瑞金的中央军委无线电学校，是老一辈革命家亲手创建的第一所工程技术学校，历经中央军委工程学校、中国人民解放军通信工程学院等阶段，于1958年迁址西安，以“西军电”而闻名遐迩，成为国家首批20所重点高校之一。

该校是新中国最早的两所国防工业重点军校之一（另一所是地处哈尔滨的中国人民解放军军事工程学院，简称“哈军工”），是我国电子信息领域科学研究和人才培养的核心基地，为民族电子工业的创建和发展建立了不朽的功勋。

如果没有国防部五院作参照，能去这样一座重点军校任教当然也很好，两相比较心中自然不会没有遗憾，童铠并没有让自己成为怅然失落情绪的俘虏，而是抖擞精神地前往西军电报到。鉴于他学的是无线电专业，被分配到无线工程系任教，留苏之前他在山东大学工学院就已经是助教了，获得副博士学位起码可以担任副教授之职，可不知为什么，学校却仅仅任用他当一名助教。

教师宿舍没有空床位，他只能暂时栖身在办公室里，好在除了几件换洗的衣服，全部财物就是那两箱厚重的俄文工具书。没有计较个人的待遇与得失，也没有怀才不遇之念和灰心沮丧之感，无论是替别人代课还是编写教材，只要是需要做的工作，他样样尽心尽力，完成得十分出色。

人生的意义本来就是一个极富主观色彩的命题，各自不同的定义决定了大相径庭的追求目标和人生道路。童铠有着强烈的使命感，认定自己应该对社会有所贡献，只有这样才能让有限的生命焕发无限的光彩。他坚信不管在哪里，无论干什么，自己都可以无愧于祖国和人民的培养，只要是金子就应该并且一定能够发光。

他在读研期间养成了不倦探索的精神，热衷于创造性的思维活动，业余时间也不肯让自己闲下来，得知青年教师杨千里、吴海洋等正牵头研制“西安——北京流星余迹通信试验系统”，童铠便主动参与进来，协同研究，出谋献策。

流星余迹通信是利用流星掠过空中产生的电离云反射无线电波进行远距离通信。因其具有通信距离远、保密性强和稳定性好的特点，引起各国军方的广泛关注，认为该系统可以在未来战争中发挥重要作用——替代遭到破坏的卫星通信系统来指挥和调度部队。

对这个属于世界前沿科技的课题，他产生了极大的兴趣，也投入了相当多的时间与精力。从基本理论到具体方法和应用，从收发到控制，从信息存

1961年，童铠（右）与同年同月同日生的同事樊昌信（左）在西军电校园内合影

储到数据终端，他不断深入探索，常常三更半夜不睡觉进行钻研和设计。

长期熬夜透支脑力，白天难免困乏疲惫，有工作时还好，一旦闲下来，就免不了打瞌睡，最难过的就是开会时不敢落座，只要坐上一会儿，就会进入梦乡，实在控制不住自己，他只好尽量找个不惹人注目的位置，悄悄站立一旁。

西军电首任政委由中央军委通信兵副政委王赤军兼任，这位荣获过多枚勋章的湖南籍将军以关爱教员著称。一次座谈会上，独自站在角落中的童铠引起了他的关注，会后一了解，才发现这个小助教竟然不是等闲之辈——不但喝过“洋墨水”，还是位副博士。

政委很快就向人事部门做出指示：“不能让这样的人才‘窝’在下面，要人尽其才，好好发挥他的作用！”

学校领导本来就有意开展研究生学位制，也觉得童铠确实是个不错的教师人选。于是，经系里研究，他当上了学校新组建的微波多路通信教研室的负责人，不仅担任教学科研工作，还参与领导教学改革。由于工作中的突出表现，以及别人难以替代的贡献，经过一段时间的组织考察，他得以正式参军，并被授予技术上尉军衔。

童铠并不清楚自己在西军电任教只是五院的权宜之计，在这里踏踏实实工作的同时，还收获了爱情——聪明能干又温柔美丽的王德润从女同事发展成女朋友。

王德润比童铠小6岁，出生于安徽省无为县的一个医生家庭，因是家中唯一的孩子，从小被父母视为掌上明珠，从小学到高中，一直没有离开过家。读完高中，她本来是要女承父业报考医学院的，不想却被到学校提前招生的西军电挑中了，成为八名候选者中唯一的女生。

此时该校还在张家口，听说那里冬天冷得能冻掉耳朵，父母舍不得让独生女儿只身去那么远的地方读书，王德润自己内心也很不情愿前往。可能是没有过弟弟妹妹，她特别喜爱孩子，很早就立志要当一名儿科医生，帮助患病的孩子们祛病止痛，而从未想过要去学无线电。但她最终还是以服从祖国需要为己任，进入西军电，学习无线电专业。

与童铠一样，她也是个品学兼优的高才生，高考之后毫无悬念地进了西军电，虽然起初对无线电专业不感兴趣，入学后学习成绩却一直保持优秀。进入毕业班后，学校因规模扩张而师资不够，她和班上另外几名尖子生一起被抽出来，还未毕业就开始与教师们一起参加科研和教改，准备留校任教，就此与童铠成为了同事。

无线工程系主任吕白是位38年入党的山东籍部队老干部，从朝鲜战场回来之后，曾任军委第八通信团的团长，在西军电的高级速成系毕业后留校工作。他惜才爱才，对系里的教职员工总是关怀备至，尤其器重童铠，觉得这个年轻人不但学问好，而且工作扎实勤奋，做人坦诚可信，将来一定能够有很好的作为。

对当年的主流人群而言，人生有两个大问题是必须解决的，一个是组织问题，一个是个人问题，组织问题自然就是入团入党，个人问题则特指结婚成家。组织问题童铠上大学时就已解决，个人问题却还迟迟没有着落。看着他只身在外，一心扑在工作上，快30岁了还没有交女朋友，吕主任决定当一回成人之美的“红娘”。

为了给童铠介绍一个理想人选，他煞费苦心地把身边未婚的年轻女性斟酌了个遍，权衡再三觉得此女非王德润莫属。她不仅容貌姣好，而且心地善良，性格温柔，是个聪慧娴静、踏实稳重的好姑娘。

打定主意后，他便请人代为向王德润发出邀请：“吕主任让你晚上到他家去，有点事想跟你谈谈。”

主任要谈什么事？怎么还得去家里谈？虽然心里感觉有点奇怪，王德润还是如约而至。

几句寒暄之后，吕主任山东人豪爽的本色便展露无遗，快人快语开门见山：“你觉得童铠这个人怎么样？”

“挺好的呀！”王德润想也没想就脱口而出。平日彼此接触并不多，但她对童铠的印象确实很好，觉得他为人忠厚正派，待人谦和礼让，也听过他为学生答疑解惑，讲解清晰透彻且通俗易懂，起初见他开会或辅导学生时经常站着感到很奇怪，得知是熬夜搞科研缺觉而不敢坐下后，心中不由得更增添了几分敬重。

看王德润对童铠有一定好感，吕主任觉得这事有门儿，便接着往下进行：“留苏回来的副博士，很有才华的一个人，本来人家是分到国防部五院从事尖端科技研究的，只可惜有个哥哥出了问题，受其牵连才来到咱们学校。他的家远在江苏，自己只身在外，又一心扑在工作上，老大不小的了，连个女朋友都没有……”

说到这里，他稍事停顿，蔼然的目光直视着王德润的双眸，以长辈关怀的语气问道：“你愿意做他的女朋友吗？”

“女朋友？”吕主任的话太出乎意料了，毫无思想准备的王德润顿时飞红了双颊。尽管对童铠印象很好，可从来也没有想过将他与自己联系在一起，书本里、铅笔盒中也曾多次出现过男同学悄悄留下的示好纸条，她却从未回复过任何一位，也始终不曾认真考虑过这方面的问题，一则觉得自己年龄还小，二则总希望能有机会回到父母身边。

看着吕主任父亲般充满关切与期待的目光，想着童铠的确是个值得托付终身的人，她有几分心动，却又难以即刻做出决定，遂不好意思地问：“我回去想想行吗？”

善解人意的吕主任笑吟吟地答道：“当然可以，回去好好想想，我觉得你俩挺般配！”

思来想去，从未体会过失眠滋味的王德润在床上辗转反侧了大半夜，天快亮时终于做出了一个非常明智的决定：“先接触接触再看发展吧！”

遵照吕主任的安排，童铠和王德润二人开始了第一次约会。

都在同一个系里工作，平日里低头不见抬头见，虽说彼此间并不存在陌生感，可毕竟这是两个人第一次单独相处，况且这种相处又有着特定的指向，打过招呼后，王德润就不好意思地低着头，不知该说什么好了。

别看童铠辅导学生课业时句句珠玑，平时话却不多，面对女性直抒胸臆更是平生第一次，心中不免也有几分慌乱。看到平日开朗大方的女同事此刻羞赧窘迫的样子，他实在有些不忍，急忙深吸一口气，打破了尴尬的气氛："很高兴有这样一个机会交往，我很愿意让你全面了解我的一切……"

简单介绍了自己的家庭状况后，童铠又特别"交待"了三哥的变故，以及这件事情带来的影响。听着他坦诚直率的话语，看着他温和纯净的眼神，不知不觉间，王德润年轻易感的心弦被一只无形的手拨动了，亲切感、信任感油然而生，仿佛面前坐着的不是交往尚浅的同事，而是久别重逢前世今生的亲人。

爱情的种子一旦生根发芽，便有着不可限量的生命力。两颗善良的心很容易产生共鸣，加上二人既是同事，又是同行，共同感兴趣的话题源源不断，感情发展得十分顺利。王德润单纯得像一张洁白无瑕的纸，对童铠的情愫中除了爱恋之外，还不乏同情与敬重。

就在她一脸幸福地享受着这份感情的滋润时，有好心的同事泼出了冷水："童铠是留苏的副博士，办事那么沉稳，你却还像个孩子。你们两个学历、经历、性格都有那么大的差距，将来生活在一起能平等吗？"

这个问题还真没有想过，王德润认真想后却得

童铠与夫人王德润在北京动物园

不出确定的答案来，索性直接把问题抛给了温厚纯笃的童铠，即刻就得到了一个让她深信不疑的回答："学历、经历和性格都不是问题，我们两个人本来就是平等的，而且是一生一世的关系，会相互负责一辈子。"

不是誓言，胜似誓言，经过一段时间的磨合，他们两个人真的就这样缔结了一生一世的关系，相互负责了一辈子。有趣的是，起初引不起王德润兴趣的无线电专业，不仅成为二人爱情的粘合剂，而且随着时间的推移，更变成了他们从恋人到夫妻延续了一辈子的永恒话题。

1962 年，童铠与王德润结为伉俪。那是一个朴实而单纯的年代，思想是革命的，物资是匮乏的，生活是俭朴的，爱情是纯粹的，没有花前月下，没有甜言蜜语，也没有海誓山盟，却拥有真情和挚爱，拥有责任与担当，拥有相互尊重与彼此支撑，他们就这样相守相伴，共同度过了温暖和谐的一生。

几十年之后，回忆起往事来，童铠颇有因祸得福之感，虽然被三哥蒙受不白之冤牵连，未能直接进入国防科技领域工作，却由此成全了一世好姻缘。

童铠

童铠院士传记

Academician Tong Kai's Biography

第七章

初战告捷 地地导弹作贡献

大型试验需要多个单位相互配合才能顺利进行，参加试验的有空军、海军、炮兵，以及12所的科技人员。幸有多年当学生干部锻炼的沟通能力，他尽量统筹兼顾，使得各单位之间衔接顺畅，工作配合相当默契。

1961 年 8 月，童铠收到组织通知，三哥的问题调查清楚了，原来是子虚乌有的冤假错案，现已恢复原职。他随即被调回北京，分配到国防部五院一分院 12 所。这是我国组建最早的航天运载器控制系统总体研究所，所长是曾在英国伦敦大学帝国学院获取无线电专业硕士学位的导弹控制专家黄纬禄。

童铠担任无线电制导总体室副主任、15 分队副主任，开始了渴望已久的国防尖端科技工作，就此踏上了献身祖国航天事业的征程。为了报答组织的信任，他在心中暗自许下神圣的诺言："身为解放后新中国培养教育出来的知识分子，一定要把自己掌握的全部知识毫无保留地贡献给国防尖端事业！"

在新的工作岗位上，他接受的第一个任务是主持东风三号中程导弹无线电制导方案的探讨工作，包括体制选择、方案设想、精度分析和各种测量方法的选择，并与曲礼慧、俞子樑等同事一起开展连续波测速定位系统研究。所学知识有了真正的用武之地后，他的才智不断被激活，创造力得到最大限度的发挥。

他主持完成了东风三号导弹无线电制导测速定位系统选择论证报告，建立了统一的系统精度分析方法，对各种测速定位系统进行分析比较，证明了

童铠作学术报告

用连续波测距、测速、多站差分测方向余弦及其变化率体制为最优，在此基础上进行了方案设计和技术攻关。

他还率先开展了频率短期稳定度的学术研究，撰写了《正弦振荡频率短期稳定度问题及其测量方法》论文，并在全国电子学会年会上作学术报告，还在北京市科协进行普及讲座，推动了国内这一学术领域研究的开展。

童铠认为，对从事科学研究的人来说，撰写论文是种不可推卸的职责，既是对自己工作的总结，也会对同行有所启发。他在论文中用随机函数理论及传递函数的方法，求出各种定义的频率稳定度之间以及其与调相、调频噪声功率谱密度的关系，并提出了一系列测量短期稳定度的方法。他还从多普勒频率测速精度要求出发，提出了新的频率短期稳定度定义。

后来国外发表并广为流传的“二元广义阿伦方

差”与他的研究结果不谋而合，在时间上却比他晚提出两年多。

研制工作之外，童铠还受研究室委托给新分来的大学毕业生讲授无线电理论基础课。一般而言，理论基础课都比较枯燥，很难讲得引人入胜，可他的听众却越聚越多，从刚入门的大学毕业生很快扩展到资深科技人员，一个个听得聚精会神、兴趣盎然，都对他的教学方法与启发式效果大加赞叹。

他深谙古人“学起于思，思源于疑”之说，认为任何知识的真正掌握，都是建立在新旧知识的有机结合与自己的独立思考上，除了善于用准确的词语、严密的逻辑推理将重点、难点、关键问题分析得条理清晰、鞭辟入里外，还着意于启发和引导听众随着他的讲授进行思辨，激发他们探求问题奥妙的积极主动性。

他还特别注重教学与科研实践的结合，从基本概念出发，结合工作实际加以阐述，既高度概括，又深入浅出，使艰涩抽象的问题变得清晰明确，易于接受，并对相邻及相关学科的知识有所涉猎，让一般规律上升到理性认识，举一反三、迁移应用，以促进大家思维方式和实践能力的拓展与提高。

南京工学院的无线电专业名气很大，分到12所的该校毕业生听了童铠的课也都为之倾倒，一致认为他知识渊博、学识丰厚，听这样的课不仅巩固了学识，增长了见识，还掌握了事半功倍、触类旁通的学习方法。

对童铠而言，讲学授课不过是小菜一碟，真正具有挑战性的工作，是主持东风二号导弹横偏校正控制系统大型山地校飞试验——此前，他从未有过搞工程的经验，更不曾担当过这样重大的责任。

“东风二号”的横向制导采用的是无线横偏校正系统，导弹发射后，地面无线电制导站用两台发射机同时发出的无线电信号在空中形成一个射面，导弹沿着射面飞行，并据此判断和校正横偏的位置。

“东风二号”是“东风一号”的改进型，为我国自行设计的第一种液体中近程导弹。“东风一号”是仿制苏联“P-2”的液体近程导弹，“P-2”是在“P-1”的基础上改型研制的，而“P-1”的基础型则是德国的“V-2”。“东风二号”的大尾翼——惯性加无线电横偏校正的混合式制导系统就是这样延用下来的。

横向无线电控制的精度很高，但在军事应用上却存在着不少问题。首先，无线电系统容易暴露，从而受到敌方的干扰；其次，配置在发射阵地后方的横校阵地是条大“尾巴”，要改变导弹射向时，“尾巴”也要跟着摆动，造成很多不便；此外，对阵地地形要求非常苛刻，特别是在山区阵地，完全不符合实战要求。

这次试验是在国防科委的要求和领导下进行的，场地选在位于陕西蓝田一处三面环山、一面为塬的山坳中。由童铠全面负责，拟制技术方案和试验途径，进行理论分析和试验指导。

大型试验需要多个单位相互配合才能顺利进行，参加试验的有空军、海军、炮兵，以及 12 所一室和无线电制导总体室的科技人员。幸而有多年当学生干部锻炼出来的沟通与组织能力，他尽量统筹兼顾，合理协调，使得各单位之间衔接非常顺畅，工作配合相当默契。

我国国防科技事业的杰出领导者、时任地地导弹专门领导小组组长的张爱萍将军对这次试验非常重视，多次亲自深入阵地听取汇报，对试验的全面情况都了然于心，对进展效果也非常满意。每次汇报工作，童铠都是重点突出、条理清晰、言简意赅，深博将军赞许。张将军亲切地称他为“小童”，出现什么情况时也总是说：“听听小童的意见，看他怎么说。”

从阵地选择整理到试验方法制定，从具体技术实施到试验结果分析，童铠全方位释放着自己的才能，使为期 8 个月的山地校飞试验得以圆满完成。

这次试验验证了无线电波瓣的波形受山丘复杂地形的干扰而发生畸变，致使射面变形，从而严重影响导弹的横向射击精度，摸清了山地回波引起导弹控制系统震荡干扰的情况，从而为我国地地导弹取消无线电制导，改由陀螺全惯性制导的决策提供了重要的依据。

张爱萍将军戏称蓝田校飞“为导弹割掉了尾巴”。后来一直沿用下来的陀螺全惯性制导，不单省去了一整套无线电系统和相应的地面设备、弹上设备及通信联络措施，还提高了导弹作战使用的机动灵活性和可靠性。导弹的“大尾巴”被割掉了，研制人员笑称其“从猴子变成了人”。

地地导弹改变制导机制后，遵照上级指示，童铠完成的“连续波测速定位系统”研究成果被用于靶场精密定轨设备，全套技术资料提交给四机部地处石家庄的某研究所。为了让对方能够顺畅地熟悉和应用该系统，他亲赴石家庄，用半个月时间给该所的科技人员进行了详细的讲解，为我国后来用于导弹靶场的高精度连续波测速定位工程奠定了技术基础。

几十年后，四机部的孙俊人副部长依然清楚记得当时的情形，将自己出版的诗集送给童铠时，还特别说道："谢谢你当年对四机部的支援！"

童铠院士传记
Academician Tong Kai's Biography

童铠

第八章

逆风而上
研制单脉冲雷达

事业心和使命感是心灵的支撑和精神的寄托，身心投入地忘我工作可以帮助人忽略外界的恐慌和喧嚣。功夫不负苦心人，经过一番锲而不舍的努力，一个先进完整而又切实可行的方案终于出台了。

20 世纪 50 年代后期，随着携带核弹的中、远程弹道导弹的发展，一种威力巨大的新的战略进攻武器威胁着全人类的安全——一颗小小的百万吨梯恩梯当量的核弹头，就足以在瞬间摧毁一整座城市。

美国和苏联开始着手研究如何防御对方的导弹武器对自己本土的袭击。美国相继开发、研制了“奈基 - 宙斯”系统、“哨兵”系统和“卫兵”系统，以对抗苏联的核攻击。苏联则开始研制“橡皮套鞋”反战略弹道导弹系统，该系统配备有“鸡笼”相控阵预警雷达和“狗窝”相控阵跟踪雷达等。

20 世纪 60 年代，中国处在美苏的全面封锁和“双重核讹诈”之中。

1963 年年底，主管科技工作的副总理聂荣臻元帅向毛泽东主席汇报十年科技规划，谈到利用激光技术搞反导弹武器。为了打破美苏的核讹诈和核垄断，毛主席从战略防御角度出发，提出在积极发展“两弹”的同时，也要搞反导弹武器。

1964 年 2 月 6 日恰值春节，毛泽东宴请竺可桢、李四光和钱学森三位科学家，席间再次提到搞反导弹武器问题。他对钱学森说：“有矛必有盾，再厉害的东西总可以找到对付的办法嘛，搞少数人有饭吃，专门研究这个问题。

五年不行，十年；十年不行，十五年。总可以搞出来的。”

毛主席的这番话后来被称为某重点指示，成为我国探索研究反导武器的依据，反导武器研制的整个计划项目便被称为某重点工程，并在一段时间内被列为国家的重点任务。

整个国家刚刚从“三年困难时期”的阴影中走出来，经济还处于萧条状态之中，无论经费还是工业水平、技术条件均不具备，原子弹工程用掉了200多亿元人民币，反导工程耗资将更为巨大。某重点工程有条件要上，没有条件创造条件也要上，国防科委3月份即成立了以聂荣臻、钱学森为领导的防御问题小组。

除了导弹之外，还要求研制能精确指示目标轨迹的目标跟踪雷达、引导导弹进行拦截的制导雷达、导弹发射设备以及把这些设备连接成拦截系统并与远程预警雷达协同工作的指挥所。因此，某重点工程包括预警、识别、跟踪控制、拦截导弹和指挥控制中心等几大系统。

1965年，根据全国人大的决议，国防部第五研究院改制脱离军队系统，更名为第七机械工业部，简称七机部，职责为航天导弹工业。为了落实某重点指示，七机部党委决定，将一院12所童铠所在的15分队，及16、110三个分队调到二院

23 所。二院主要负责地空导弹的研制，23 所则是地面雷达中心研究所。

二院反导弹武器系统被命名为“一号任务”，23 所承担反导部件引导雷达和目标跟踪雷达的研制任务。该所不愧为一流研究所，不仅人才济济，而且学术氛围非常浓厚。根据雷达研制工作的需要，所里按专业调整了研究室的建制，成立了九个研究室，一室为总体设计室，二室为天线室……童铠被任命为一室雷达总体技术副主任。

反导系统对雷达技术提出了更高的要求，预警雷达要能够发现来袭导弹的位置坐标和速度，精准计算出它的飞行轨道；地面引导雷达要能引导我方拦截导弹准确拦截来袭目标，必须精确测量出方位和速度。现有的雷达技术体系无法实现这样的任务要求，必须要有大的突破。

设计室的同事们集思广益，经过数十次方案讨论和指标论证计算，最后确定研制一部转动式的远程相控阵跟踪雷达，代号为“715”，以及一部单脉冲多普勒引导雷达，代号为“101”。童铠受命主持研制 101 雷达，并负责方案设计及角精度分析工作。

童铠他们设计的是一部单脉冲角跟踪、脉冲多普勒测速、数字式测距和数字式指令传输相结合的技术先进的雷达。单脉冲多普勒引导雷达对目标跟踪作用距离远，测量精度高，用来跟踪导弹是最优方案，但技术比一般雷达要复杂得多，有许多关键技术需要攻关。

他把全部心思都放在研制工作中，脑海里装满了大胆创新的设想和有待解决的技术问题：怎样实现脉冲雷达与控制指令一体化？在脉冲多普勒相参雷达中，如何利用距离数据来解径向速度的多值模糊？高精速度数据又如何被用来提高测距精度？如何保证雷达的角跟踪精度及制定一套标定方法？为了捕获从发射架起飞的高加速反导弹目标，如何克服多路径效应对雷达跟踪的严重影响？如何对目标的高速度和高加速度进行全数字化检测？……

对这些问题，国内尚无可以参照的先例，解决起来难度相当大。他逐个问题进行深入探究，多方查阅和消化相关外文资料，分析演算，反复推导，向有经验的同事请教……殚精竭虑到了废寝忘食的程度。

为了验证自己对低仰角多路径效应理论分析的正确性，童铠从空军借来645雷达，组织同事们进行了大量的外场试验，并结合实际进行了深入的理论分析，还利用模拟计算机验证分析结果，终于在国内第一次摸清了低仰角多路径效应的变化规律，从而提出克服多路径效应影响的措施，确立了雷达对导弹在发射架上一起飞就进行截获跟踪的方案。

为了求出雷达回波的数字傅里叶变换速度——加速度模糊函数解析解，他苦苦思索，尝试了多种途径，最后运用数学中“数论”的方法推导出高加速度条件下旁瓣分布的计算公式，从而得到了满意的结果。

就在他为攻克101雷达的关键技术而焚膏继晷时，一场大革文化之命的浩劫席卷中华大地，帽子棍子满天飞，批斗抄家打砸抢，专政取代了法律，整个社会处于混沌无序的激荡与动乱之中。

七机部系统高干子女多，小道消息特别灵通，以致有“中央一咳嗽，七机部就感冒”之说，不可避免地成为了运动的重灾区。“915”与“916”两派群众组织都有“通天人物”，相互打得不可开交，以致南苑发生上万人参加的大规模武斗，年仅46岁、功勋卓著的航天材料专家姚桐斌在家门口被乱棍活活打死。

地处永定路的二院当然也不可能是世外桃源，自6月6日科研楼旁出现第一张大字报后，形势就变得一发不可收拾，铺天盖地的大字报，震耳欲聋的高音喇叭，不断被揪出的“走资派”和“反动学术权威”，许多有着留学经历的科技人员被扣上里通外国的罪名，不是被诬为“美帝走狗”就是被疑为“苏修特务”，一个个都灰溜溜的，谁也不敢“乱说乱动”。

几乎天天都有以各种莫须有的罪名被揪出来的人挨批斗，戴高帽、挂黑牌、扇耳光、“坐飞机”，身体备受折磨，人格蒙受侮辱，尊严惨遭践踏，灵魂饱经蹂躏，一时间狂热暴虐与无法无天成为生活中的常态。

单位里的规章制度全部形同虚设，有人忙着去造反，有人热衷打派仗，有人被迫“靠边站”，有幸没有沦于“黑七类”又不忍心去“运动”别人的“逍遥派”也无心工作了，人们自嘲为“8923部队”，即早上8点上班9点溜号，下午2点上班3点回家。

政治运动如火如荼，本职工作放任无羁，在

这种混乱不堪的大气候下，童铠和身边的同事们仍然坚守工作岗位，继续自觉自愿地为 101 雷达呕心沥血。踏实本分也不能幸免被“触及”，欲加之罪，何患无辞，读书多了被污蔑为修正主义苗子，忘我工作被批判为不关心政治。

一天，军管会的人找上门来，声色俱厉地告知他：“有群众反映你一贯不突出政治，走白专道路，又是苏联培养出来的修正主义苗子，已经不适合再担任总体室领导了！”

按理说被罢了官靠边站就是了，多一事不如少一事，何况又是身处这样的乱世之中，明哲保身都不一定能够奏效。童铠却不这样想，101 雷达一直是由自己牵头研究设计方案，许多重要的资料和数据都了然于心，中途放手势必会造成工作进展的不顺利。

他每天依然早早来到办公室，潜心伏案埋首于图纸与数据之中，似乎窗外乱哄哄的一切与自己毫不相干，在这种动辄得咎的政治环境中逆风而上，不仅需要有顶得住压力的坚强意志，更需要具备甘冒风险的无畏精神。

工作时间，童铠视 101 雷达为重中之重，其他都置之度外。王德润却惴惴不安，每天都是提心吊胆地过日子，既害怕丈夫负载着太大的压力身体吃不消，又唯恐他会引火烧身成为“干扰革命运动”的典型。她清楚地知道，童铠表面看上去泰然自若，其实内心并非波澜不惊、一派平静，而是浪涛汹涌、喜忧掺半。

令他忧的是一度被“结合”到革命委员会当主任的三哥又成为了革命的“对象”，再次被投进监狱。“历史反革命”“走资派”“反动学术权威”……几乎每天都有人以这样那样的理由被揪出来、遭批斗、受凌辱，想来三哥的境况也好不到哪儿去，不知道这次的罪名又是什么，更不敢想前景将会如何。

让他喜的是在上海交大进修时的恩师张煦先生，利用出差的机会找上门来看望昔日的学生。张先生与二院副院长、总工程师蔡金涛早年曾是哈佛校友，

1966年，童铠（后排抱小孩者）与101雷达组同事在颐和园合影

那天就是在蔡金涛的陪同下来到童铠家的。

正值星期日，二位长者到来时，王德润正在给丈夫理发，张煦先生坚持不让他们停下来，童铠只好边理着发边与恩师交谈，心里很过意不去。

虽然师从仅一年时间，他却深得恩师的器重。“反右”中曾遭遇不公的老人家深知政治运动对人的伤害有多重，见到爱徒没有受到太大的冲击便放心了，简单叮嘱了几句，连顿饭也没吃就走了。

如若是在平常岁月，师生间匆匆一晤或许算不得什么，在这风雨如磐的动荡岁月，人人自危的状况下，为了避嫌，许多亲人间都不得不中断了来往，老人家这短暂的看望本身便有着非同寻常的意味，童铠夫妇分享着这份只可意会不便言传的感动。

事业心和使命感是童铠心灵的支撑和精神的寄托，身心投入地忘我工作帮助他得以忽略外界的恐慌与喧嚣。数字、符号、公式、图形，抽象王国里的思维对错分明，严整有序，禁得住推敲；计算、推导、验证、设计，科技园地中的耕耘引人入胜，心脑并用，让他无暇旁骛。

童铠率领众人一起分析计算结果，反复研究论证定夺取舍，经过一番锲而不舍的努力，一个先进完整而又切实可行的方案终于出台了。那一刻，办公室内欢呼雀跃，大家兴奋得像一群孩子，全然忘却了窗外风疾雨骤、一派肃杀的政治形势，更不会想到从方案出炉到雷达问世还将要经过怎样的曲折与障碍。

该方案确定 101 雷达采用单脉冲角跟踪、脉冲多普勒测距测速、应答式和指令传输相结合的体制。测速测距系统采用速度辅助距离跟踪，距离自动求解速度模糊的复合自动跟踪回路。天线副瓣较低，零深指标高，转动惯性小，稳定性好，适于低仰角、高角速度、高角加速度截获跟踪。发射机首先使用正交场冷阴极放大管。除发射机及个别电路外，雷达整机电路基本固化（分立和集成电路混合）。

为了尽快投入到下一步的研制中，童铠和同事们又再接再厉对总体方案进行讨论、细化，制定雷达研制途径，拟制各个分系统的任务书，深入各分系统，和所科技处一起研究制定雷达研制工作流程等。尽管难免受到政治运动的干扰，但大家齐心协力，克服种种困难，使研制工作坚持不停步地往前推进，各分系统按任务书要求基本完成了设计、生产、调试，分系统之间按接口关系开始进行实验室对接，如果研制流程能正常进行，成功似乎指日可待。然而，树欲静而风不止，一场科研人员、知识分子大规模下放运动又开始了。

童铠

童铠院士传记

Academician Tong Kai's Biography

第九章

干校劳动 培植越冬大菜花

经过几个月辛苦的实验性劳作，他种出的菜花不仅个头硕大、质地紧实、色泽洁净，而且无需任何防护措施就能在露地安全越冬，这种当地从未出产过的菜花品种，令经验丰富的老菜农们啧啧称奇。

童铠是院里第一批被下放的，先是到南京市句容县一处原属炮兵的军垦农场接受“再教育”，几个月后又被调转到地处河南省正阳县的“五七干校”。

“文革”中，大中小学纷纷无限期“停课闹革命”，各大学更是停止了招生，全中国唯一大张旗鼓遍地开花且不断“扩招”的学校就是“五七干校”。这是根据毛泽东的“五七指示”兴办的农场，美其名曰“干部学校”，实际上是“干活儿学校”—— 对党政机关及科研文教部门的知识分子进行劳动改造和思想教育的场所。

干校里按军队编制分成营连排班，既没有校长，也没有教师，上至“待解放”的部委领导，下至普通职员，不分七十妪叟与青年男女，对内一律都是“学员”，对外统称“五七战士”。仅中央直属和各部委机关在河南、湖北、江西等地就创办了百余所这样的“干校”，数十万本来可以在本专业大有作为的“学员”被迫离开工作岗位，离开家人，过着军事化的单身劳役生活达数年之久。

正阳县地处淮北平原，位于驻马店市东南。干校所在地离县城有 20 多里路，原本是一处劳改农场，为了给“五七战士”们腾地方，犯人们被迁移到更偏远的地方去服刑了。虽然干校吃住条件都很艰苦，但和当地百姓基本温饱都满足不了的状态比起来，学员们的生活还是让乡亲们相当羡慕的。

最初，村民看到学员们都穿着带补丁的旧衣服下地干活儿，以为不过是些新来的劳改犯，看到他们居然大都戴着手表又不禁感到有些疑惑，时间长了才知道，原来这些人的身份与真正的劳改犯相去甚远。后来，当地百姓中流传着这样一个顺口溜："干校好，干校好，穿得破吃得好，一人一块大手表。"

每天除了繁重的体力劳动，就是学习和开会。都说劳动最光荣，可当劳动变成一种带有惩罚性的思想改造活动后，劳动者非但感受不到丝毫的光荣，甚至也不仅是劳累，更有一份精神上的折磨与屈辱。

学习是单一的政治内容，蓝本除了《毛泽东选集》就是《人民日报》《解放军报》和《红旗》杂志，即当年统领全国思想战线的"两报一刊"，上面莫说没有真正意义上的新闻资讯，就便有的话也是"阶级斗争新动向"。

相比劳动和学习而言，开会则是最辛苦、最难熬的事。每次开会不是批判这个人，就是揭发那个人，日常劳动生活中一点鸡毛蒜皮的小事，一句不经意间脱口而出的闲言碎语，都有可能被上纲上线到阶级和路线的高度，从而成为被批斗的“靶子”。实在找不出宣泄革命激情和斗志的目标时，还可以让大家进行自我检讨，所谓“狠斗私字一闪念”。

沉静内向的性格令童铠能够平和从容地面对现实，他觉得自己从小生活在城市里，从来没有干过农活儿，虽说不上四体不勤，但确实五谷不分，应该利用这个机会好好补上劳动这一课。抬土筑堤、割麦插秧、挑粪种菜，每种活儿他都干得认真卖力，不怕脏不怕累，总是主动抢着干脏活累活，十分虔诚地锻炼和改造着自己。

村子外围曾有一条“护村河”，是解放前老辈们为抵御猖獗的土匪而挖就的，桥上设有三米高的吊桥。河早已经干涸，吊桥成为固定的独木桥，供抄近道的人们通行。童铠负责打理菜地，经常要浇肥，每次都要挑着两大桶粪水，摇摇晃晃地从高高的独木桥上走过。

习惯了创造性思维，他可以不惜下大力气干又脏又累的农活儿，努力练就“吃大苦、流大汗”的革命精神，却无法满足于简单纯粹的体力劳动。经过一段时间的考察，他因地制宜自觉开发出一个新的科研课题——科学种菜。

歇晌时，别人三五成群地抽支烟，聊聊天，松弛一下筋骨，他却独自蹲在田垄间研究墒情土质。收工后，大家吃过饭洗洗涮涮，早早放平劳顿的躯体歇息了，他则在昏暗的灯下开始了全新的研究，从淮北的气候条件、土壤成分到不同蔬菜的生长特性。

根据正阳县四季分明、光照充足、降水适中、无霜期长、土质疏松等特点，童铠选定菜花为试种目标。他利用休息时间培育菜苗，配制营养土，把握合适的时机进行控水蹲苗、封垄追肥和束叶盖球，并坚持进行严格的科学化管理。

经过几个月辛苦的实验性劳作，他种出的菜花不仅个头硕大、质地紧实、色泽洁净，而且无需任何防护措施就能在露地安全越冬，这种当地从未出产过的菜花品种，令经验丰富的老菜农们啧啧称奇。干校的学员们都钦佩童铠，在这样的境况下也能有积极的作为。他自己则很享受这种创造性的劳作，研究、发现、实验、创新，这个过程本身就是滋润饥渴心灵的甘霖。

正阳这里菜花的栽培结出硕果，北京那边 101 雷达的研制却进展缓慢。鉴于研制工作的需要，试验队副队长王金奎再三向上级要求，希望尽快让研制队伍的核心人物童铠归队，所里才下令调他回京。

曾经投入了那么多精力，倾注了那么多心血，101 雷达对童铠而言，就像是一个襁褓中的婴儿，被迫放手时有着太多的不舍与无奈，得知她急需自己的呵护，他恨不能即刻插翅而归。然而，当他整理好简单的行装准备上路时，又接到军管会的紧急通知："你暂时先不要回北京了！"

是什么导致朝令夕改呢？没有人跟他做任何解释。那个年代有一个大家都必须遵守的法则，就是"理解的要执行，不理解的也要执行"。

身为科研人员，自然不甘心长时间疏离专业工作，但让童铠忧虑的并不是个人的前途，而是 101 雷达研制的进展。虽然并不了解单位那边运动发展的情况，但联想到前不久大部分党员都重新恢复了组织生活，自己却未能归队入列，而在人人过关的"斗私批修"运动中，分明已经得到了群众的认可……肯定事出有因，他决定去找干校的领导问个明白："我究竟有什么问题？"

此领导俨然是位"打太极"的高手，只一句话就把童铠打发了："有什么问题，你自己好好想想吧！"

理智是人生最大的财富。童铠没有愤懑，也没有沮丧，该接受的接受，该面对的面对，反正自己问心无愧。他一句话也没说，默默地回到宿舍，将打好包的铺盖卷重新摊开，躺在床上却辗转反侧、难以成眠。他不想实行"鸵鸟政策"任人摆布，也不能公然对抗以卵击石，与其漫无边际地胡思乱想，倒不如清点一下自己的过往，搞清楚究竟是哪里出了问题。

于是，他开始一步步回溯自己的人生履痕，要琢磨清楚问题到底出在哪里：分配到国防部五院后，不论是在一院12所，还是在二院23所，都不曾有过任何过错；在西军电参了军，授了衔，应该也没有问题；虽然因为曾经留学苏联，而被怀疑为苏修特嫌，可那根本就是无稽之谈……

追溯到留苏岁月，他突然忆起一桩早被抛到脑后的往事来：兼任支部书记时发展的一个党员后来与一位苏联女同学产生了爱情，毕业时不想回国，这是违反外事纪律的事。经过多次做工作，他总算回国了，工作一段时间后请假出国探亲，就此一直滞留国外未归，被他的单位定性为叛徒。自己经手发展的党员出了问题，受其牵连恐怕在所难免。

想到这里，童铠豁然开朗，立刻提笔写了一份材料交给领导，讲明自己与此人没有任何私交，发展其入党只是组织行为，而且也没有料到他后来会有“叛国”之举。能做的做了，他就将此事放下不再纠结，继续踏踏实实干农活儿和研究种菜，通过出大力流大汗的方式将自己内心的委屈与压力释放出来。

干校的领导收下这份材料后，并没有就此给出任何明确的答复，不过他跟别人说的话很快就传到了王德润耳中："童铠这个人很聪明……"

童铠在干校写材料为自己申辩时，王德润在单位里也没有等闲视之。都已经下调令让回北京了，却又突然不准他回来，还不说出理由来，这不是明显地欺负老实人嘛！了解并且信任自己的丈夫，知道他满脑子装的都是科研工作，一贯认认真真做事，清清白白做人，勤勤恳恳干工作，根本不可能有任何政治上的问题，她决定找军管会负责人去问个究竟。

这样做不仅需要极大的勇气，也需要相当的技巧，弄不好还会适得其反，王德润并非不清楚政治环境的险恶，而是为了童铠，为了101雷达，不惜引火烧身。她非常有策略地向大权在握的军管会负责人发问："请你明确地告诉我，童铠到底有什么问题？我了解清楚情况才好和他划清界限呀！"

没有任何真凭实据，这位军人也不好说童铠到底有什么问题，只好煞有介事地翻看着手中的笔记本，好一阵子才支吾道："他也没有什么大问题。"

"既然没有什么大问题，为什么不让他回来工作呢？难道你们不知道101雷达的研制任务需要他吗？"

王德润理直气壮的质问让军管会负责人无言以对，沉吟良久才打着官腔说："我们再研究研究吧！"

这一研究就是好几个月，直到"九一三"林彪事件爆发之后，童铠才终于被批准调回北京，就此结束了将近两年的干校生涯。

童铠

童铠院士传记

Academician Tong Kai's Biography

第十章

艰苦奋斗 反导雷达获大奖

他全然不顾条件的艰苦，一头扎进试验场，和大家一起仔细观察测试，认真分析研究，努力查找问题发生的原因，凭借着广博的学识和超群的悟性，从理论到实际，融会贯通，达到一般人难以企及的高度和深度。

一身疲惫地回到北京，回到亲人身边，在合家团聚的欢乐气氛中，童铠终于可以暂时放松心情尽享天伦之乐。只可惜这样的日子屈指可数，还没等彻底休整过来，他就主动投身于紧张忙碌的工作中。

一天傍晚时分，一位101雷达试验队的同事下班回来遇到童铠，一见面就迫不及待地说："老童，你可回来了，快去304场帮帮忙吧！"

童铠不明就里："出什么问题了？"

"试验场系统联试遇到了久攻不克的难题——根本无法跟踪放在铁塔上的信号源！"

他一听这话就着急了，固定的信号源尚且无法跟踪，移动的信号就更不用想了，得赶快想办法找出问题所在，加以改进。第二天一早他就去找相关领导，顾不上过问自身的"特嫌"问题如何结案，立即主动请缨，要求尽快回归101雷达试验队参加外场试验。

童铠下放之前，101雷达各分系统之间按接口关系开始进行实验室对接。他走后的一段时间里，受运动干扰，各部门人心涣散，管理和协作都成问题，工作进展得很不顺利。为了能够排除干扰落实进度，所里军管会决定将各分系统集中到 304 场进行总装调试。

科研工作容不得丝毫马虎和懈怠，不按科学程序推进，自然不可能达到预期的效果，任何一项工作完成得不圆满，都会造成总装测试阶段的困难。分系统调试尚未完成就拉出去做总装调试，势必导致无法顺利进行，何况以前所里一直都是搞仿制，这是首例自主研制的项目，主要研制者却缺席，几种不利因素加在一起，“101”便很难避免被做成“夹生饭”的命运。

304 场地处丰台区云岗，远离市区，交通十分不便，通勤就是一辆大卡车，冬天时一路呼啸的北风将人们吹得透心凉，每个人头发上、眉毛上都挂着一层白霜。一次下大雪，车开到杜家坎就走不动了，余下的几里路，大家只得踏着厚厚的积雪徒步跋涉前往，有人还随身带着沉重的设备。

试验队吃住都在试验场，这里还未完全建成，条件非常艰苦，场地杂草丛生，遇雨雪天道路泥泞不堪，机房是简易的活动木板房，巨大的机柜内元器件都是“三代同堂”（电子管、晶体管和集成电路），50 赫兹、380 伏的大闸刀开关就放在地上。冬天取暖靠的是几个电炉子，夏天降温是几台立式电风扇——享受取暖降温待遇的主角是设备，而不是试验队队员们。

得到批准后，童铠全然不顾条件的艰苦，一头扎进试验场，和大家一起仔细观察测试，认真分析研究，努力查找问题发生的原因。接收、伺服、随动，他深入各分系统逐个解决问题，凭借着广博的学识和超群的悟性，从理论到实际，融会贯通，就像是“101”的一部活字典，达到了一般人难以企及的高度和深度。

各分系统涉及到完全不同的专业，却似乎从来没有什么状况能够难倒他。只要了解了问题所在，他不仅很快就能找出富有创见的解决办法，而且总是一步到位，解决得非常彻底，让人感觉他对各分机系统的理解和掌控，达到了比专业人员还专业的程度。

分明是跨专业，却能比本专业的人还清楚，大家都觉得不可思议，有人感慨道：“老童哪里是‘专’家呀，分明是‘通’家嘛！”

此言一出，立即得到了试验队队员们的一致认可。

不仅如此，童铠还有一个特点也得到了大家的公认，那就是“干活儿不要命”的工作狂，“老童岂止是用心工作，简直就是拿命在拼啊！”

他终日穿一身劳动布的工作服，根据需要随时出现在这个或那个工作台前，有时还要上到80米高的铁塔上亲自查看跟踪信号源，晚上加班加点更是寻常事。冬日里寒气逼人，瓶中的墨水冻成了冰坨，用之前先要放在电炉旁边融化一阵子，手冻木了，画出的线路图都呈现着颤抖的节律。夏日里酷暑难耐，蚊子臭虫频频出击，身上被叮咬得多处是包，他全都毫不在意，关注点都在工作上，不是探索解决问题的方法，就是寻找提高效率的途径。

一系列问题的圆满解决，极大地鼓舞了队员们的士气。他又带领大家对雷达进行了多方面的深入测试，全面掌握雷达的系统性能和接口之间的信号流通情况，并改进了局部电路设计，进一步提高了各系统的可靠性和稳定性，完成了单脉冲雷达低仰角跟踪时多路径效应试验。

接下来的外场地面系统联试中，他又通过实践反复进行了分系统性能的改进，摸索着解决了影响雷达精度和截获性能的一些因素。改进后的雷达不仅抓住了铁塔上的信号源，还跟踪了信号员放出的气球，从固定信号到活动信号，再到对过路飞机进行捕获跟踪，试验均获得成功，为北京地区的校飞做好了全面准备。

由于工作成绩突出，“101”试验队被评为先进集体，童铠也恢复了雷达总体室副主任的职务，继续主持“101”的研制工作，还当之无愧地成为全国雷达专业委员会委员。随即，他主持101雷达在北京地区完成了6架次的校飞试验，证明设计原理正确，方案切实可行，数据录取完好，指令传输正

1975年1月，101雷达试验队获得“先进集体称号”，童铠（前排右一）与部分同事合影

常，精度达到要求，受到二院党的核心小组的通报表扬。

1976年1月，101雷达运抵昆明附近的红旗山某试验基地，在这里，童铠带领试验队，历时5个月，克服重重困难，圆满地完成了12架次的校飞试验。

红旗山平均海拔2500多米，雷达站设在峰顶，试验队队员们住在半山腰一座废弃的弹药库和几间简易的活动房中，食堂就设在附近的山坡上。山区多雨，崎岖泥泞的小路让上下山都变得相当吃力，由于山上的用水都要靠山下用车送，遇到暴雨天，便免不了会断炊。

高原气压低，空气密度小，含氧量比平原要低25%，水的沸点只有80℃左右，米饭夹生，馒头发不起来，大家每天吃的青菜都是“老三样”：莴笋、青蒜、葱头。一天，几个胆子大的年轻人打死了一条大蛇，在地上挖了个坑，架上锅煮了一锅蛇肉，大家乐呵呵地聚餐打牙祭，总算改善了一顿伙食。

都说昆明四季如春，他们却赶上一场大雪，足足下了一尺多厚。虽有煤炉取暖，可大家既不会侍弄炉火，又怕一氧化碳中毒，只好晚饭后烧一会儿，让屋里有点暖和气，睡觉前再将炉子拿到室外。

不仅忍饥受冻和加班加点是常有的事，还要经受高原反应带来的心慌气短、头痛恶心、流鼻血等各种不适，既没有加班费，也没有一分钱的补助，试验队队员们在离亲人3000多千米远的大山中忘我地工作着，从未有过一句怨言，相反日后还很怀念当年那些团结奋进的日子。

童铠身患高血压，医生根本不允许他上山。但出于工作需要，他一直坚持在山上，亲临机房随时解决设备出现的问题。本来身材就不胖，几个月的高原生活，让他变得又黑又瘦，乍一看都让人不敢相认。

最后一次校飞试验有着非常重要的意义，二院副院长陈怀瑾和23所副所长陈敬熊等一行人，已经专程从北京赶来准备向使用部队移交“101”设备了，可谓成败在此一举。

这次校飞还有几个兄弟区站一起参加，控制中心指挥室墙壁上悬挂着大

1976年，童铠（左一）与同事在昆明某基地进行101雷达校飞试验

幅飞机航线图，上面清楚标明了各区站的坐标方位，操作人员聚精会神地端坐在操作台前，用送话器下达着一道道指挥命令，喇叭中传来的应答声清晰地报告着各区站设备的工作情况，一切显得既紧张又有序。

早上八点整，装有应答机的飞机从机场准时起飞。很快红旗山便传来了雷达截获目标转入自动跟踪的报告，随即光测站和航测站也相继报告“发现目标”，表明飞机已经进入雷达试验区域。

电子设备上各色指示灯明灭闪烁着，各雷达站的测试数据源源不断地经过数传机，迅速传入指挥中心的终端机上，打印机不时吐出长长的印满数字的纸带，一批批数据都要经过计算机的技术处理。

在大家的努力下，此次校飞一切顺利，结果表明：23 所自行设计研制的精密制导 101 雷达工作正常，校飞起伏误差、角度系统误差的散布标准偏差等性能指标完全满足任务要求。

设备顺利移交给使用部队，为此双方在试验队简陋的餐厅中举行了隆重的“庆功宴”。基地司令部的领导、发射团的团长和政委、陈怀瑾副院长、陈敬熊副所长等悉数出席，双方畅谈成功，共叙友谊，为校飞试验的圆满成功而频频举杯。

军方领导对试验队不仅满意，而且非常赞赏，认为无论人员素质，技术水平，还是解决问题的能力，从哪方面看都堪称一流的团队。童铠代表试验队接过发射团赠予的绣有“勇攀科学技术高峰”的锦旗时，队员们都很激动，许多人热泪盈眶——成功确实来之不易啊！

过去，所里有人说“月月加班加点，年年不出成果”。现在，成果终于出来了，而且还不是仿制的，是自主研发的，大家怎能不感到欢欣鼓舞呢！此刻，在成功面前，吃过的所有的苦，受过的所有的累，都变得微不足道了。

101 雷达是一号任务中一个重要项目，也是某重点工程五大系统中成绩最优异的，达到的技术指标属于国内最高水平。它的标校方法，红外、雷达交叉截获及电视技术的应用，使我国掌握了较先进的雷达技术，并积累了相当的设计经验。一些单项技术如轴角编码技术、单脉冲技术、数据处理技术等，都被应用到后来研制的其他型号的雷达中，从而加快了这些雷达的研制步伐。

从亲自负责总体方案设计，到在实践中解决大量关键问题，童铠从头到尾扎扎实实地完成了 101 雷达研制的全过程。虽然各方面指标都符合任务书的要求，研制任务完成得堪称圆满，他却没有因此而满足，感觉雷达全部由硬部件组成，对接、调整、拆卸都很不方便，还需要有所改进。

在此基础上，童铠又再接再厉，领导完成了“101”改进型（101-2）雷达方案的设计工作，并与分机室合作研制出一种适合雷达专用的小型计算机。当时还不敢称之为计算机，而取名为“数据处理器”，以纸带机连接，程序打进去后存储在磁环中，从而实现了雷达距离、角度、手控数字外引导，回路用计算机来闭合和校正的大胆创新设想，工作起来方便而灵活，效率得到明显提高。

此外，勤于探索和钻研的他还提出了一种全新的数字式加速度配相的 FFT 方案。这些设想和方案在“101-2”上均得到了实施，有的成果后来还推广到“450”等其他型号的雷达中。

经过十多年的不懈努力，童铠和他的同事们迎来了收获的时刻。1978 年 3 月，标志着中国科技事业开始全面复苏的全国科学大会在北京隆重开幕，在这被喻为“科学的春天”的会议上，我国第一部用作反导系统的 101 雷达获重大科技成果奖，以童铠为首的 120 名研制人员同为获奖人。这一年，他还当选为北京市第七届人大代表。

1979 年 7 月，童铠再次奔赴红旗山某试验基地，带领试验队成功地完成了某型号模型遥测弹反射式跟踪试验，101 雷达跟踪正常，性能良好，实时

1979年9月，101雷达完成某型模型遥测弹反射式跟踪试验后，参试人员合影留念，前排左五为童铠

记录了各种数据和弹道曲线，圆满交付部队使用。他撰写的论文《FFT 在解决脉冲多普勒雷达截获与跟踪高加速目标中的应用》刊登在《电子学报》上，该项目于 1981 年获得国防科委科学进步奖二等奖。

“101”是我国自行设计研制的第一部反导系统精密制导单脉冲雷达，研制过程中培养了队伍，积累了经验，也为 23 所日后各项科研任务的实施奠定了基础。从 1965 年开始方案论证，到 1979 年交付使用，除去中间下放干校两年，童铠率领团队为“101”整整奉献了 12 年的光阴。

在研制过程中，他的攻关能力和实战经验得到全方位的增长，不仅取得了事业上的成功，还被磨砺出逆境中自强不息的奋斗精神，为之后主持几个大型工程打下了坚实的基础。

童铠

童铠院士传记

Academician Tong Kai's Biography

第十一章

勇挑重担
攻坚克难破瓶颈

他不仅基础理论深厚，而且知识面广博，又有着相当丰富的实践经验，再加上出众的科研组织协调能力，带领大家进行了一次又一次的技术攻关，成功地解决了一系列关键性技术难题。

我国第一颗人造地球卫星“东方红一号”发射成功后不久，国防科委与七机部就开始安排东方红二号地球同步轨道通信卫星的预研工作。

国家计委和国防科委提出的《关于发展我国卫星通信问题的报告》经中央军委审议通过后，于1975年3月31日得到毛泽东主席的批准。由此，中国通信卫星计划正式下达，并很快开始工程实施，代号为“331”工程。

“331”工程包括五个方面的工作：东方红二号通信卫星的研制，其中包括通信转发器和天线；长征三号运载火箭的研制；地面通信接收和发送站的建造及设备的研制；具备发射液氢、液氧发动机火箭能力的低纬度靶场的建设；微波统一载波测控系统地面站的建造和设备的研制。这就是统称的“331五大系统”。

为了加快研制步伐，“331”工程被列为航天战线三项重要任务之一。这使该工程在技术问题的落实和研制经费上，均得到了较好的保障。

地球静止轨道通信卫星是使用无线电通信中继技术的应用卫星。由于卫星所在轨道平面位置与赤道平面重合，卫星的轨道周期等于地球的自转周期，运行的方向也与之一致，也就是说卫星与地面的位置保持相对不变，故又称为地球同步轨道通信卫星。

人造卫星随运载火箭离开发射台后，要通过无线电波等手段同地面建立实时的信息联系，使地面及时了解卫星所在位置、姿态及星上各系统的工作情况，并实现对卫星的控制，以保证其顺利完成预定的目标和任务。这就是地面对卫星的测量控制，简称“测控”。

测控系统是航天技术的重要组成部分，也是试验通信卫星的技术关键，其设备包括星载部分和地面部分。地面部分的测控设备加上通信、时间统一勤务、计算机、指挥调度系统等组成测控地面站。多处测控站与海上测量船队组成测控网，以保证完成对卫星飞行的测控任务。

“东方红一号”是中低轨道卫星，而“东方红二号”则是地球同步轨道卫星，也就是说高度从 2075 千米延伸到了 35786 千米。要解决其自主动段、转移轨道、准同步轨道和同步轨道的测控问题，并使其能够准确定点在赤道上空的预定位置，原有的测控设备根本无法满足需要，必须增加大功率、高灵敏度、超远距离的测控设备才行。

经国防科委和七机部等相关部门专家们的反复论证，决定采用微波统一载波体制的测控系统方案来解决对卫星和导弹的测控问题，并计划在陕西渭南和福建闽西各配备一套，对通信卫星进行单站定轨测控，两站互为备份，以提高可靠性。

由我国著名电子学家、空间系统工程专家陈芳允先生提出的应用微波统一载波测控系统，是一种全新的设想，一个大胆的尝试，既经济有效，在技术上也是现实可行的。以前卫星的测量、遥测和遥控都是分开的，各成体系，归属不同单位管理。微波统一载波测控系统是工作体制极为复杂的雷达，综合跟踪测轨、遥测、遥控、数据传输等多种功能于一体，将卫星各种测控信

童铠（中）与陈芳允（左）等合影

号都调制在同一个载波频率上和地面联系。

压缩重量，减小功耗，始终是卫星研制工作中的一项主要要求。采用统一载波测控系统不仅可以使卫星上省去部分设备，以一套天线取代过去的多套天线，还可以降低设备的故障概率，进一步提高卫星的可靠性。

按照这个微波统一载波测控系统方案，在测轨方面采用了上下载波相干的双向频移测速系统，伪随机码加测距音的测距系统，单脉冲雷达形式的测角系统；遥测是作为副载波调制在下行载波上，共占两个副载波，即编码遥测副载波和模拟遥测副载波，前者传送卫星各种参数，后者主要传送姿态参数；遥控是作为副载波调制在上行载波上。为了实现测控站之间的数据传送，在上行载波和下行载波上分别调制了数据传送副载波。

微波统一载波测控系统是支持“东方红二号”上天的主要设备，也是一个大型的无线电系统工程，具有跟踪测轨、遥测、遥控、数据传输的能力，被人们通俗地称为“四合一”系统。渭南站的微波统一载波测控系统由电子部研制，代号为“155”工程。闽西站的微波统一载波测控系统由七机部研制，代号为“450”工程，其中包括450-1微波统一载波测控系统、450-2丙微波引导仪和450-2甲车载遥测接收站。

为了组织这项浩大的工程，1974年2月，成立了在七机部直接领导下的“450”工程办公室，主要任务是负责工程的技术总体设计、各分系统之间的技术接口和计划进度的协调，以及总体安装联试、标校及校飞试验等研制工作。该办公室本着大力协同的原则，集中各院相关的九个主体厂、所的技术力量，按专业特长形成一支较全面的技术队伍，另外还有一些协作单位。诸多单位各司其职，紧张而有序地开始了旷日持久的科研大会战，这一干就是六年。

1980年3月，“450”工程进入攻坚阶段，许多影响全局的重大关键技术问题亟待解决，却一直找不到行之有效的途径。在“450”办公室任职的陆文福，是童铠研制101雷达时的老搭档，对其高超的理论水平及出众的攻关能力了然于心，看着几位负责人都为研制工作陷入瓶颈而一筹莫展，便信心满满地提出建议：“看来这事非童铠不可，只要他来了，没有解决不了的问题！”

几位领导面面相觑，全然不知童铠系何方神圣，真的能有如此大的神通？其中一位不禁问道：“你怎么会有这么大的把握？依据是什么？”

陆文福简单扼要地介绍了童铠以及“101”艰难的研制历程，最后还不忘强调：“机会难得，正值301雷达刚刚下马，据我所知，目前他手头还没接新任务，要调可得抓紧啊！”

童铠（左二）与23所同事合影

有能力破解难题、打破瓶颈的人才当然不能错过，童铠很快就从23所被调到了“450”工程办公室，担任办公室副主任、工程副总设计师兼总指挥，主要任务有三：一、协助任新民、陈芳允等资深老专家做450-1的技术总体工作，解决其中的技术难题；二、全面参与协助和领导450-2丙的研制与总体工作；三、领导在北京450-1测控试验场建立航天工业部第一个同步轨道卫星跟踪遥测数据接收站（云岗卫星地面监测站）。

450-1既是技术复杂的尖端电子产品，也是集现代信息理论、通信、微波技术、雷达、固态技术、计算机科学、精密机械、自动化等科学技术综合发展的产物。全套设备由6个分系统23个分机组成，共采用半导体器件、集成电路等各种元器件十余万个，焊接点多达百万余处，各种功能机柜近百个，分别安装在总面积千余平方米的十几个机房内。精密设计的大型卡塞格伦抛物面天线高22.8米，底座重达70吨，简直就是一个“巨无霸”。

此时全套设备正处于初样信道联试阶段，由于系统庞大，设备分别由不同的工厂和研究所研制，总体人员也是从各个厂、所临时借调来的，总体机构结构松散，系统设计中待解决的问题很多，初样设备的可靠性与整体协调性均不尽人意。

上任伊始，童铠深知自己肩上担子的分量，诸多亟待解决的问题令他常有分身乏术之感，其中首要的难题就是如何把由各单位分头研制的初样设备，按任务的技术指标要求进行优化，通过各种联试构成一个有效的系统，在摸清初样存在问题的基础上改进正样设计。

试验的技术保障条件不具备，试验所需的标校塔、计算机、模拟应答机、通信调度等设备都是经过艰苦努力才得到解决的。计算机是童铠回原单位求援借来的，23所念他在“101”研制中立下的汗马功劳，不但给了计算机，还连带将王德润一起交给了他，让夫妻二人有了一次为“450”工程并肩作战的机会。

实践出真知，为了尽快解决一系列难题，他深入各个分机研制团队中，虚心学习，细致钻研，很快就摸清了各分机的状态和相互接口的关系。在此基础上，他带领技术人员进行分机互联试验和指标测试，不断有问题通过试验暴露出来。

童铠认为，问题暴露得越彻底越有利，这些问题逐个解决稳妥之后，再将改进反馈到正样设备的研制生产中去，就可以不出问题或少出问题。初样联试的成功，奠定了正样研制的基础，初样联试解决了系统工程的原理性问题，正样研制重点要解决的则是可靠性问题。

为了落实“质量务必从严”的指导思想，在正样研制展开前，“450”工程办公室预先制定了《“450”工程正样研制要求》，提出解决可靠性问题的一系列重要措施。其主要内容如下：

一、对初样出现的问题要认真对待，采取措施做到“三不”，即初样出现的问题不在正样中出现，分机调试出现的问题不在整机中出现，在厂（所）出现的问题不带到闽西站去。

二、所用元器件必须经过筛选老化，关键部位应采用“七专”原件，分机插板要做240小时试验。

三、正样插件产品应抽样进行振动、高温、潮湿、连续工作等试验，分系统出厂要进行6次10小时的拷机试验。

四、为保证设备的防潮性能，正样产品均涂“三防”漆，电缆网插头座采取硅橡胶密封，工艺要求高的电路板和接触点用镀金处理。

五、严格管理，严格工艺，严格检验，严格质量控制。

在正样研制过程中，童铠认定检验工作十分重要，为了解决上、下行频率捕获问题，率众先后进行了三次大规模的试验和数十次演练观察，通过分系统及全站的测试检验，得到了大量的测试数据，通过有线、无线、精度校飞的联试，检查了系统的性能指标。每经过一次测试，就会发现一批问题，及时有效地解决了这些问题，质量也就随之提高一步。

“450”工程具备两个最大的特点：一个是利用微波统一载波测控系统超越 45000 千米的距离，对飞行在太空中的通信卫星实行准确测量、控制、调整姿态、命令其改变运行轨道等任务；还有一个就是独创在无全球测控网支持下，国内采用单站测控通信卫星精确进入地球同步轨道。

这就给捕获跟踪远距离目标及跟踪测角系统带来极高的难度——高精度要求，且不说研究过程如何控制，就连最后如何鉴定验收都是难以想象的技术问题。

虽然此前也曾多次组织相关技术人员，围绕指向误差、测角精度等问题进行专题讨论，大家畅所欲言，却莫衷一是。童铠接手后结合工作的需要，有针对性地给大家上了一堂技术课。他从天线跟踪中的机械轴、电轴、标校光轴的准确含义讲起，然后是如何标定，又如何将三者拟合……从概念到理论，再到操作方法、数据处理、误差分析，深入浅出，循序渐进，每个步骤都清晰明了，使人们如醍醐灌顶，茅塞顿开，很快就达成了共识。

大家很快就发现这位副总师的水平的确不一般，不仅悟性极高，还善于以独特的观察方式与思考角度发现并解决问题，既能见微知著，亦可见著知微，感应力相当敏锐。最为人称道的是他不仅基础理论精深，知识储备广博，实践经验丰富，而且还具有很强的动手能力，设备上有些复杂精细的工序索性亲自上手，是位“能动烙铁的总师”。

凭借着出众的科研组织协调能力，童铠带领大家进行了一次又一次的技术攻关，以全新的思路成功地解决了一系列关键性的技术难题，还提出并指导实现了全站集中指挥控制、功能齐全、操作灵活方便的大型控制台，增强了 450-1 系统的监控能力。

由于我国测控站布站限于国土范围之内，无法对转移轨道进行全球跟踪，

童铠（右一）与任新民（右二）等合影

测量船预报精度的误差范围远远大于天线波束能覆盖的范围，二远点捕获问题成为同步卫星测控方案中关乎成败的关键项目。

童铠初调入“450”工程办公室时，“331”工程总设计师任新民对二远点捕获问题很关心，也很担心，曾经特别问起过他：“是否还有什么好的办法能加以解决？”

刚接手这一摊子工作不久，还未“吃透”状况，一时难以给出确切的答案。但童铠一向恪守实事求是的科学态度，在没有把握的情况下绝不轻率承诺，他唯有诚恳表态：“容我好好想想，过些日子再答复您。”

接下来的日子里，虽然设想过各种解决的途径，童铠却一直也没有主动给任老总送上一颗“定心丸”，不是心中没底，而是觉得再好的许诺也不如实际工作效果有说服力。他知道，要想获得目标散布椭圆的预报，必须求解出难度相当大的预报轨道根数的协方差矩阵，这方面国内没有现成的方法可利用，而不解决这一难题，450-1 捕获目标的优越性就难以得到很好的发挥。

对童铠而言，工作的需要就是战斗的号角，冲锋陷阵在所不惜，而且只能夺取胜利，绝不能败落投降。擅长于学中干、干中学的他又给自己增加了一个新的攻坚课题，从并不熟悉的轨道计算做起，投入了很多的精力进行深入探索，经过坚持不懈的努力，终于摸索出来一套全新的公式。

用这套公式，可以由测量船上测量雷达的测量元素方差来求解出预报轨道根数的协方差矩阵，由此协方差矩阵又可解算出预报测控站的俯仰角、方位角和测速的协方差矩阵，从而可以预报方位为俯仰平面内目标散布椭圆的长轴、短轴和倾角，还可以计算出目标信号多普勒频率误差的大小。使用这一方法能够同时预报目标的距离，方位、俯仰径向速度，方位、俯仰角速度以及目标运动轨迹的方向倾角，还可以顺带预报目标天线的指向夹角。

为了实现这些计算，童铠和唐建明、范凌波合作，在微机 IF-800 上编制了一整套可输入 450-1 系统中的实用预报程序，其中最基本的最终程序共七块，辅助和派生的程序六块，前后使用修改的版本达数十版，工作量之大可想而知。

这些程序的计算表明，据此预报的扫描范围可以大大压窄，椭圆的细长比一般在 1∶10，加裕量后也可达 1∶4 ～ 1∶5（开始捕获段）。如长轴加大到与西安卫星测控中心的原要求相同，扫描面积至少可以压缩 4 ～ 5 倍，也就是说扫描一遍的时间也可以缩短 4 ～ 5 倍。

考虑到在实际执行任务时，从西安卫星测控中心数据处理中心预报轨道根数起，到进入二远点捕获程序止，间隔的时间不长，需要连夜突击计算预报数据，届时难于了解海上测量船位和预报轨道根数所使用的数据情况，不好选择 dm 角的一些原始参数，童铠又进一步引入了求简化椭圆倾角 d0 的方法。

这种与目标散布椭圆相匹配的扫描捕获方案，使搜索范围大为缩小，成功捕获概率大幅度提高，从而有效解决了二远点捕获这一难题。

诸多关键技术难题相继得到解决后，为了确保能抢在闽西雨季到来之前完成整套设备转场进站的安装任务，童铠又在易元坚等人的协助下，马不停蹄地主持制定了一个周密而切实可行的校飞方案。

童铠

童铠院士传记

Academician Tong Kai's Biography

第十二章

砥砺奋进 抱病转战闽西站

他当总师时，习惯于把自己的知识、经验和教训毫无保留地告诉合作者和身边的年轻人。他也很喜欢与大家一起探讨问题，认为既可以在互动中享受到思辨的乐趣，还有利于把众人的智慧汇总起来做出正确的决策。

校飞是1981年6月至10月在北京701库地区进行的。张履谦任校飞总指挥，童铠在易元坚的协助下担任现场指挥，并负责组织技术上的准备和突击攻关工作，还要在校飞中和校飞后负责组织数据处理和精度分析等工作，以及编写校飞技术总结。

校飞试验目的有三：在动态情况下检查跟踪设备操作性能（包括主控台操作控制，上下频率捕获锁定，伺服台的手控、扫描与捕获）；设备角跟踪精度摸底，并为精度标校方法积累经验；进行测距动态试验，并为测角光学记录提供视差修正用的距离值。

校飞中碰到的具体问题着实不少，由于正样设备不齐套，而研制进度的后限已经卡死，只能采用初正样混合、以正样为主的方法进行校飞。主控台全是初样，还未进行过联试，电视显示屏机柜还未进场，伺服主控台分散在别处，综合控制台和收控台的上下频率捕获逻辑、频率扫描遥控组合还未设计出来，上下行频率双向捕获的功能尚未能试验成功，要考验的设备构不成一个系统，校飞的集中指挥控制不能形成。

因此，下定决心突击攻关就成为关键问题。众人拾柴火焰高，童铠设计了双捕的自动捕获逻辑图，黄汉超将其调试出来；陈涛、秦晏豪突击生产了扫频遥控组合；针对以往雷达中几种光轴不统一带来的麻烦和对精度的影响，在童铠的分析建议下，谭占祥、华容秋、杨宪民等人与外单位协作，在国内首次解决了标校与监视跟踪目标过程中目标瞄准、轴线电视与录像及轴线摄影三合一的1000毫米焦距小体积光学望远镜系统和精度微调机构。

校飞的准备过程，实际上也就是正样450-1单脉冲系统的第一次联试过程，天线、参放、接收机、伺服系统进行了对接，参放第一次安装在高频箱内经受实际环境的考验，而且通过联试确立了一整套角支路的联试调整方法和操作规程。

通过反复试验，排除了上行扫频组合由于地线干扰以及电子开关隔离度不好造成的上行频谱散谱问题；双向频率捕获首次联试成功，所使用的方法又进一步运用到正样设计中。他们还进行了天线座的机械检测和地面标校工作，这些工作不仅保证了校飞跟踪测量精度要求，而且为日后闽西的标校工作打下了良好的基础。此外，利用倒镜法分离天线下垂变形，也是本次校飞工作中首次进行的。

校飞的第一次预备性飞行中，由于光学引导器出故障，不能提供对目标的引导数据，而原设计的目标捕获功能又比较薄弱，造成副瓣捕获目标，从而导致试验失败。为此，童铠又组织大家有的放矢地研讨了目标捕获问题，找到了切入口，并制定出如下行之有效的改进措施：

——改进频率分析器设计，解决了频谱不纯及散谱等问题，并事先计算出防副瓣门限电压图表以便于实时指挥，切实保证频率分析器在0.2秒内可靠捕获高速目标，在国内首次实现了临界信噪比下0.2秒内自动防副瓣捕获目标的功能。它的影响客观上促进了参加“331”工程任务的四台微波设备的捕获目标能力的提高，大大突破了原任务书要求的指标。

——改正天线的电路设计，大幅度提高扫描性能，原天线角加速度只有 0.5 ~ 0.6°/s^2，远不能满足 2 ~ 3°/s^2 的要求，经过观察分析，童铠发现是由于串联校正网络的线性范围不合适引起的，改正后角加速度达到 10°/s^2（方位）、6°/s^2（俯仰），这是当年国内大型天线的最好水平，远远超过任务书要求。

——改进自动角度捕获逻辑，在深化角跟踪精度分析的基础上，建立了一整套严格的精度设计与标定方法，显著提高了 450-1 的角跟踪精度；改进防副瓣捕获措施，保证了卫星起飞后每次都能提前可靠捕获跟踪，实现了对高速目标进行全自动快速捕获和跟踪的任务要求。

面对大量拍摄胶片提供的判读数据，为了确保校飞成功，童铠和同事们每天早晨 4 点就起床，一直工作到半夜 12 点之后才睡觉，为了解决校飞中出现的问题，有时甚至还要“连轴转”。

7 个架次的校飞试验获得圆满成功，没有发生因配套参试设备故障造成试验失败或中断飞行现象。有一架次因频率分析器故障，发生两次接收机锁相环失锁丢失目标现象，也都及时重新捕获了目标，事后频率分析器故障经检修得以排除。

通过校飞试验，从无到有建立了一套数据记录处理系统，在标校方法上也积累了一些经验，并且

1981年9月，童铠在北京负责完成了450－1卫星测控工程校飞试验后留影

进一步认定对于大型的跟踪设备，在各种环境条件下引起的机械变形、电气漂移，一定要安排长期的动、静态标校计划，以掌握其变化规律。

更重要的是通过数据处理、精度分析，对450-1的跟踪性能、精度摸了底，从而得出了450-1整套系统可以进使用场地安装的结论。这极大地鼓舞了研制队伍的士气，从根本上彻底扭转了工程研制的被动局面，为实现抢在雨季前将设备运往闽西测控站进行总装联试的计划、赶上卫星发射的整体工作进度打下了良好的基础。

童铠对工作严谨负责的态度，求索进取的精神，以及事必躬亲、严于律己的作风，影响着每一位共事的部属。每次重大方案他都紧紧抓住先进性、可行性、运行、接口、验收等环节，各项问题无一遗漏，并特别对其中概念性问题进行点评。

长时间的超负荷运转，不仅使本来就消瘦的身材越发显得单薄，还让他生了一场大病，起初是吃不下饭，还不停地打嗝，试尽各种方法怎么也止不住。大家都劝他赶紧到医院去诊治，可正值工程的关键时刻，根本走不开。他就这样一直咬牙带病坚持工作，直至发展到贲门撕裂，每打一次嗝就吐一口鲜红的血，被大家强行送入医院。

检查的结果是由于长期劳累和紧张导致胃神经紊乱，造成消化道大出血，要不是抢救及时，就会危及生命。他连续多日不能吃东西，也无法睡觉，既坐不起来，也躺不下去，只能靠在妻子身上，血止不住就无法下胃管，每天仅能勉强喝几口酸奶充饥。

后来，多亏721医院热心肠的姜中华大夫，贡献出一个从中华医学杂志上看到的验方，将三七粉与白芨调和成粘性小球，让他一连吞服了七天，总算粘住了伤口，不再频频打嗝和吐血了。

同年10月底，450-1天线及发射、接收、遥测、遥控等设备装满20多节车厢，由北京监测站用专列运抵闽西，准备进行总装调试。

刚刚出院没几天的童铠，不顾身体还未完全康复，执意前往现场指挥安装调试，一如既往地把勤奋当成本分，保持着“干活儿不要命”的特点。他住的房间里地面上摊满了图纸和书本，几乎没有下脚的地方。为了抢工期，加班加点成为常态，有时遇到“拦路虎”，还要通宵达旦地去攻克。

大病初愈的身体禁不起这样的劳累，不久他又开始便血。大夫怀疑他患了肠癌，让人将他“押送”回北京，好在有惊无险，只是劳累过度，并没有真的患上恶疾。很快，他就将医嘱抛在脑后，又重返回闽西，投入到紧张的安装调试工作中。

限于总研制进度的要求，一些设备未等到初样的联试和解决问题，正样就已经投入生产，以至于部分设备又重新加以改进。童铠认为安装调试是长久大计，绝不能有半点马虎，一处细微的瑕疵都有可能造成严重的后果。一旦发现有不符合要求之处，他宁可推翻重来，也绝不放过，真正做到了一丝不苟，防微杜渐。

历时八个月的安装调试完成后，他又率大家进行了系统的有线和无线联试，还重点抓了角精度的标校工作、校飞前的技术准备工作和校飞精度的数据分析工作。

理论基础扎实，实践经验丰富，童铠既善于从理论层面指出工程实际中凝练科学问题的不足，又能够从工程角度指出理论联系实际的欠缺，既有统筹全局的大思路，又不乏解决具体问题的有效措施。

他当总师有一个最大的特点，就是习惯于把自己的知识、经验和教训毫

1983年，在福建闽西450－1卫星测控工程试验队，童铠（前排左四）与基地参试人员合影

无保留地告诉合作者和身边的年轻人。自己点灯熬油研究出来的东西，别人一下子就得到了，是不是有点冤？不是有“教会徒弟饿死师傅”之说嘛！

童铠却不屑于保护自己的“知识产权”，坦言道：“他学我也在学，水涨船高，搞总体的掌握着指标，技术关键秘而不宣，分机怎么可能把活儿干好，大家都能心中有数，工作才能顺畅开展。”他经常结合工作实践给大家讲一些诸如角加速度、角精度的分析和标定，如何求轨道根数等基本而又特别重要的知识。他也很喜欢与大家一起探讨问题，认为既可以在互动中享受到思辨的乐趣，还有利于把众人的智慧汇总起来做出正确的决策。

长期在一起工作的同事们都有一种共识——与童铠讨论技术问题简直就是一种精神享受，不仅原本模糊不清的地方经他一点拨便豁然开朗，还可以令知识和思维都随之得到升华。他似乎有一种奇异的禀赋，总能够深入浅出地将复杂、深奥、抽象的理论与工作中的技术实践结合起来，详实明确地诠释出问题因何发生，如何避免。

他不仅诲人不倦，还非常欢迎同事们随时提问，认为这会促进自己的思考，思有所悟便也成为受益者，教学相长嘛。只要你有疑问提出，给出明晰的答案后，他还会条分缕析地娓娓道来，让你在知其然的同时，还能知其所以然，不仅令刚入门者感到茅塞顿开，还让具备相当造诣的人因得到启迪而听得津津有味。

童铠为人光明磊落，坦荡无私，真诚热情地团结和帮助别人而不求任何回报，工作中产生争论也总是对事不对人，从不会恶语伤人，更不会计较对方态度如何。大家都钦慕他的学养和人品，被他的人格魅力所吸引，觉得能够与这样一位既是组织者、参加者，又是理论指导者的总师一起工作，实在是受益匪浅，三生有幸。

为期四个月的精度校飞由西安卫星测控中心主持，谭占祥、华容秋、杨

童铠（中）在工作中指导年轻同事

宪民等同志具体执行，童铠负责全面提出任务要求和方法设想，参与方案、细则的制定和审定，并分析测试结果和提出具体的改进措施。

这次试验的技术性强，操作单位多，实战性强，除进行常规的大盘不水平倒镜法测试外，他们还进行了方位和俯仰码盘安装精度测量、方位俯仰轴正交性现场测试、24 小时光电轴在日射变化条件下的测试、天线座长期稳定性测试以及测量光学标校的尝试。

闽西校飞结束后，为了保证执行好“331”任务，相关人员对 450-1 设备的进一步改进展开了分析讨论。童铠认为，应该稳定冻结大部分设备的技术状态，保证执行任务的进度，缩小改进范围，突出重点问题。为此，他特意准备了一份改进设计的具体意见材料供会议讨论。

在这份材料中，他建议对参放的改进应压缩原来的多途径、多备份的做法，注重实效，全力搞速调管参放双机热瞬时切换方案，确保跟踪时切换不丢目标，取消第二机柜备份，更换备份组合，为了确保整机热切换时的三路幅相一致性，合理利用已有条件增加本振的电动中频开关、变频器、中放和三路中频电销的热切换备份……

他的这些意见基本都被采纳，日后“331”任务的执行情况也表明，确实起到了很好的作用。

通过对标校工作长期数据的积累分析，得以较好地掌握了450-1各轴系间的误差情况和变化规律，童铠和唐建民一起拟定的校飞数据系统误差公式，以及标校后给出的各项零值和修正系数，都经过了160电影经纬仪的鉴定。国防科委测控通信研究所给出的评价是："450-1形成了一整套切实可行的标校方法，"450"工程办公室所提供的一套系统误差公式是正确可靠的，可以在执行任务中推广运用。"

跟踪测量精度高已成为450-1的特色之一。450-1的跟踪精度属于国内先进水平，与国际的精密跟踪雷达相比属于同等水平，但优于国际已有的同步卫星测控设备。450-1取得了校飞精度高、自捕获能力强的好成绩，消除了使用部门的疑虑。在各分机恢复和改进性能之后，执行第一发星任务之前，童铠又组织技术组配合队长检查验收了各分机参加执行任务的技术状态并予以冻结。

在450-1与站属其他设备的关系上，他也花费了不少心思，排除了地线干扰等诸多问题。717机与数据处理器的接口总存在差错，经试验分析找到了症结所在，他对接口程序进行改进后，使星地上下行双向频率捕获得以顺畅运行，实现了具有中国特色的上下行调相／调相全相参体制的可靠工作，实际跟踪运载段达540多秒，超出任务要求一倍，性能优于国际同类C频段测控设备。

严谨缜密是童铠一贯的工作作风，正如俗语所言"眼里不揉沙子"。对闽西校飞的处理数据进行分析时，他从测距数据的变化规律中，发现了测控通信研究所定的电波传播误差的修正公式符号反了，改正后测距误差降低40%。

在分析测角精度方面，他又从方位存在有规律的较大误差中，发现有一台标准的160设备存在问题，通过计算处理，从该设备的拍星数据中查明其轴系存在30[角]秒的误差。该设备回厂返修，验证了这一误差的存在。经处理改正后，450-1的方位误差在仰角E < 50°时，降低60%以上，在仰角E > 50°时，降低30%以上，都大幅度优于任务书要求。

卫星发射前，为保证万无一失，童铠又组织了一场提高跟踪精度的战役，带领技术骨干制定和实施了一整套精密标定测试流程和周密的校准公式，保证了跟踪卫星的精度。经测控通信研究所鉴定，各种数据表明450-1在闽西测控站的校飞精度，达到国际同类设备的先进水平。与国外同类产品技术指标相比，450-1毫不逊色，个别指标还有所超越，并且具备独特之处，把我国的卫星测控技术向前推进了一大步。

童铠坚持认真负责，工作中从不放过一个故障和隐患，始终坚持质量第一。在设备安装调试中，上万米的电缆铺设没有一处出现差错，安装调试任务顺利完成。这标志着450-1的整个研制过程进展顺利，没有出现工程上的反复，既没有走回头路，也没有煮“夹生饭”。

按预定计划，校飞成功后，450-1设备初步移交给基地闽西站，测控任务由基地一线人员执行，试验队担当二线技术保驾。为了解决编码遥测的可靠性问题，童铠又组织有多方人员参加的小分队赴闽西进行了全面试验，从严要求，使得设备的稳定性与可靠性都大为提高。

军方在演练中，因长时间收不到卫星信号而疑虑重重。当年人们对电波传输中极化匹配问题还不像如今这样普及，天伺馈系统的总体主任设计师甄润己利用互易原理，想出用特殊的双栅板极化器改变天线极化旋向的方法跟踪接收卫星信号的方案。

童铠认为可行，亲自带队前往闽西站解决问题。依照不打无准备之仗的习惯，出发前他从原理分析、栅板结构组成，直到操作方法都做了充分准备，还进行了试验演示，抵达后一举解决了问题。

童铠

童铠院士传记

Academician Tong Kai's Biography

第十三章

主动请缨
捕获险走失卫星

依照扫描捕获方案，450-1 系统在主动段第 11 圈的最后机会成功捕获并发出第一条指令，切断远地点发动机喉部加热器电源，挽救了电源将尽的卫星，使之成为一颗能长期工作的科学实验卫星。

在为450-1呕心沥血的同时，童铠还负责帮助解决450-2丙总体及研制过程中出现的问题。这个任务确定较晚，是1982年在国防科工委召开的会议上定下来的。当时国防科工委及使用部队对这一任务都很不放心，于是“450”工程办公室安排童铠主抓这一工作。

450-1采用大口径抛物面天线，其波束宽度较小，需要有宽波束的雷达来引导，小口径的自跟踪引导雷达450-2丙应运而生。450-2丙为超远程引导雷达系统，具有双点频和左右旋圆极化瞬间切换功能，以及扫描搜索、捕获跟踪目标、引导与被引导的能力，还可以进行多普勒测速和接受遥测信号，主要用于我国同步卫星发射时的目标捕获跟踪，并用来引导450-1和155系统跟踪目标。

450-2丙设备的难点在于，其使用的2.8米直径的小天线设备，在灵敏度、目标捕获与跟踪性能以及作用距离等方面，必须优于10米天线的大设备，这样才能首先捕获目标，再以数字引导和提供跟踪角数据的方式引导450-1捕获目标，完成自己的首要任务。

在我国试验通信卫星发射过程中，地面测控系统面临的一个重要问题就是过渡轨道第二远地点前的目标捕获，二远点目标距离远，地面测控设备接收信号电平弱，轨道预报误差大，要求搜索的空域也大。

通常的引导方法是窄波束被引导雷达和宽波束引导雷达工作在不同频段上，飞行目标上装有两个不同频段的发射机，引导雷达接受其中功率较强而频率较低的信号，以便快速捕获目标完成引导任务。我国试验通信卫星上由于种种原因只装有一个频段的应答机，要求引导设备和主测控设备工作在同一频段上，接受同一功率的信标信号，这就出现了“同频引导 ”的难题。

从 450-2 丙任务一开始，童铠就参加了任务书制定和方案审定工作，并对方案的主要问题提出了自己的建议。他发现设备最关键的频率分析器原方案不能在宽频带内搜捕卫星信号，便创造性地提出采取宽波束加角度扇扫、提高系统灵敏度，以及用数字式阶梯扫描加滤波器组的新方案，从而解决了“同频引导”这一关键技术问题，实现了 2 秒内即可捕获目标。他还提出双圆极化同时跟踪监视目标的快速切换方案，进一步提高了可靠捕获跟踪的能力。

450-2 丙的具体研制和生产工作由地处山西太谷的 549 厂承担，从研制进度来看，童铠对方案的审定和改进工作对保障系统的先进性、合理性起到了良好的作用，研制和使用中都没有发生方案性的返工问题。

450-2 丙在研制生产调试过程中整体协调性较好，但在研制质量上和生产工艺上存在不少问题。在研制过程和设备出厂联试中，受国防科工委和航天工业部的委托，及 549 厂的邀请，在五院副院长吴之真的带领下，童铠多次率技术队伍带着仪器前往该厂，与总体组的人员一起从严控制产品质量，突击解决设备存在的问题。

设备的要害问题是频率捕获不能满足指标要求，通过测试观察，他发现由于 60 路电流开关都存在较大的反向漏电流，引起频率分析器的频率与输出电压特性严重畸变，不能正确引导频率趋向中心，从而使频率捕获有时失败，便建议每路电流开关增加隔离反向电流的二极管，实施后顺利消除了不能可靠捕获的问题。

此外，他提出的其他几项建议也都取得了明显的实效：改进60路滤波器组后面的视频滤波电路设计，改善了几个分贝的检测信噪比；改进电路设计，消除了相关与非相关自动增益控制电路的噪声与信号饱和现象，以减少信噪比损失和改进自动增益控制特性；提高滤波器组中心几路的控制级别，以防止频率被引导至中心附近后再遭受远频端噪声的干扰冲击等问题，从而使频率捕获时间大为缩短，使天线的扫描速度不仅超过出厂指标0.2°/s的要求，而且远远超过西安卫星测控中心对后续任务提出的希望指标0.38°/s，从而节省了国防科工委与部领导确定的再生产两套提高性能的频率分析器的经费。

450-2丙在出厂联试中存在的一个较大问题是电轴漂移大，前后相差达1～2密位，个别的甚至达到5密位，不能满足出厂指标角跟踪总误差不超过1.5密位的要求。合并两路的相位误差漂移也很大，甚至出现了不能跟踪的情况。

为了解决这一问题，童铠和有关人员一起对参放、接收机与频率合成器进行了全面检查，发现了频综内部分电路设计不合理，在角跟踪支路内产生了虚假的跟踪误差信号，原工厂测试合并隔离度有

60dB，经用正确方法测量发现只有40dB，从而查出多处因电源滤波不好和电销外皮与插头脱离接触（生产工艺问题）引起的“和信号”对“差信号”的串扰等很多问题。这些问题被被逐一排除后，电轴零点漂移小于0.2密位，从而保障了跟踪精度。

锁相环路经常失锁也是联试中一个让人头痛的问题，经查找原因，主要是因为电压控制振荡器输出频率不稳定，因而在窄带锁相环路条件下（这是同频引导方案降低跟踪信噪比所必需的）就很容易失锁。

童铠认定，出现这种情况，除了电压控制振荡器本身存在设计问题外，还存在大量工艺问题，如插头、接线、焊点、保险丝尺寸不合规格等，还有各种引线地线的干扰，特别是电压控制振荡器、相加器、阶跃电压形成电路等的电源波动，对引线的串扰影响更大。通过改进设计，反复进行工艺质量复查，更换元器件，弥补已有的缺陷，锁相环路失锁问题得到了彻底解决。

450-2丙进场安装调试顺利，经过校飞考验，设备稳定可靠，捕获性能好，在450设备移交会上，相关专家一致认为，450-2丙独到地解决了同频引导的难题。

450-2丙在31dBHz的信号噪声功率谱密度条件下，仍可较快速地扫描捕获目标的研制经验，说明了450-1的捕获跟踪灵敏度至少还有15dB的潜力可资利用，450-2丙接收机用于450-1大天线，可以彻底解决卫星姿态不正常时的目标可靠捕获问题，这些经验也可以用于深空探测技术。

准备执行“331”任务期间，闽西站副参谋长和程序组长专程来到“450”工程办公室，提出西安卫星测控中心已决定，闽西、渭南两个站谁先抓住目标谁就当主控站，站领导希望“450”工程办公室能够深入探讨如何提前捕获目标，协助闽西站争当主控。

西安卫星测控中心的捕获实施方案中规定，预报误差空域为±3000 km

的圆球，要求中心的四台设备一出地平线就大范围搜索，由两台设备联合分段各水平扫描 20 多度，而其后则用 20°×20° 左右的大面积方形扫描。

童铠对统一由 717 控制做长时间（可达 3 小时）大面积反复扫描提出了异议，希望利用目标预报的误差椭圆特性缩小扫描范围，发挥各台设备的主观能动性，便于站指挥员对设备有机动干预之权，连续扫描时间过长的设备应能允许其中途休息，以防损坏。西安卫星测控中心表示，不可能进行椭圆参数预报。

在进行协商后，同意用 450-1 的数据处理器扫描作为备份手段，为此，“450”工程办公室与 23 所初步议定了 450-1 数据处理器捕获扫描的补充任务书，争取做带倾角的长方形扫描，以压缩扫描空域，这样的操作方式便于指挥员人工干预。

为了发挥闽西站的地理优势，即时发现和捕获目标，童铠率团队在提高发现目标灵敏度上做了充分的准备。

要实现提前捕获二远点目标，其客观前提有两点：一是目标应仰角上可见，由于闽西站纬度低，可以提前几分钟看到目标，在这一点上具有优势；二是目标信号强度应超过设备具有的捕获跟踪灵敏度，由于卫星姿态问题，这一点对闽西站不利。要想扬长避短，关键在于如何利用仰角上可提前看到目标的几分钟。

为此，童铠进一步对信号强度的变化规律进行了分析，发现这一段时间虽然卫星天线方向图不利，但卫星是由近处往远处去，开始距离只有12000多千米，因而电波传播的距离衰减因子小，可以弥补方向图的不足。如再利用设计上的裕量，则开始的信号噪声功率谱密度有可能在41dBHz以上（指450-1，450-2丙则为30dBHz），然后信号逐步变弱，至最小点后重新回升，进入正常跟踪段。

基于以上分析，大家一致确定：设法提高发现目标的灵敏度，争取在低仰角段450-1和450-2丙同时捕获目标，450-1由数据处理器扫描，如都不能捕获，在信号强度不可见段450-1退出扫描，待天线方向角可见时再投入扫描捕获。为此，在福州会议上，“450”试验队向国防科工委及西安卫星测控中心领导正式提出预捕段由450-1数据处理器承担扫描捕获的意见，得到了他们的明确支持。

关于提高灵敏度问题，450-2丙创造了较好的经验，自身的潜力已被挖掘出来，而450-1的额定灵敏度46dBHz是按信道要求确定的，作为测轨跟踪，如达到450-2丙的水平，则可以有15dB的潜力可挖。信道组利用频谱仪做了不少工作，504所在利用手动辅助频率捕获、手控AGC提高跟踪灵敏度上也进行了准备，基本上做到40dBHz以上即可以捕获跟踪目标。

在开展数据处理器目标软件工作方面，童铠率领试验队做了大量细致有效的工作。

数据处理器任务书的要求，是根据主动段和二远点的捕获要求制定的，同时兼顾了设备移交后通用化的需要，可以实现不同扫数、不同倾角、不同范围的长方形扫描，可以进行不同范围的螺旋扫描，不同扫描间可以相互切换，可以停顿，也可以取消。扫描中心可以人工调整，还可以根据频率发现指示自动停扫并记忆发现时的角度位置。

在人机结合方面，他们同样下了很多功夫，既体现了计算机的准确性和自动化功能，又体现了指战员能及时人工干预的机动灵活性。450-1的功能远远超过国内其他各种雷达，开创了国内计算机直接控制雷达捕获扫描的先例。

为了解决原扫描程序转弯时不够平稳的问题，童铠带领陈小华、郝长林、赵允良、赵金新等人，放弃与大家一起回京休整的机会，坚持留在闽西，重新编制了方扫程序，改编了圆扫程序，反复试验后改进了各种切换过程，做到了扫描连续、平稳、精确、伺服电流很小。主管伺服、天线结构、天线座结构的人员都表示使用没有问题，部队操作演练，在第一颗卫星各圈捕获中，这些捕获软件都经受住了考验，使用效果良好，没有发生任何问题及失误。

此外，数据处理器还备有90分钟的理论轨道存储能力，事先用穿孔纸带输入，按设置的时间启动轨道数据，在“331”任务中用于二远点低仰水平扫描中，使天线自动地不断移动方位扫描中心，以求最佳对准目标散布中心应用。

由于目标捕获问题是一个随机事件，目标的不确定性大，而捕获的成败对指战员的主观能动性依赖性大，理论上和“331”任务的实践中，没有一台设备能做到绝对可靠地捕获目标，如 450-2 丙的副瓣捕获、漏捕，450-1 的漏捕、下限位也都曾发生过。但如果两台设备同时捕获，同时按正确的原则进行相互引导，则可以保证本站总是按时捕获成功。

为此，试验队领导和有关人员及所有指挥人员一起，共同制定了主动段和二远点的指挥流程：规定两台设备等待和扫描时的仰角应按各自的山头遮蔽角图及下限位的要求确定，强信号时 450-2 丙还应利用山头地形遮挡掉可能发生的副瓣捕获，450-1 在自己捕获的过程中应随时判断 450-2 丙是否捕获到目标，如是则先判定目标仰角是否达到预定等待仰角，是则转 450-2 丙引导，不是则 450-1 继续原位等待。如信号强时，还应判断 450-2 丙是否为主瓣跟踪，是才转，不是则不转。为发挥 450-1 自动防副瓣的能力，则应通过精确估计目标信号电平来按时设定防副瓣门槛电平，为此他们还专门制定了一系列图册。

由于闽西站指战员正确执行了这些原则，确保了闽西站对两颗星的历次捕获没有发生一次失误，而渭南站的情况则不然，曾发生过多次失误。

执行任务阶段是大型系统工程的特殊阶段，也是一次对设备性能、人员技术水平与思想作风的严峻考验。1983 年 8 月至 1984 年 4 月是“450”工程的执行任务阶段，经过设备检修、性能测试、星地对接、故障预想、应急措施制定、联合演练等准备工作，最终完成了东方红二号 01、02 两颗卫星的发射任务。

“450”工程执行任务的一个重要特点就是工作时间长，环境条件恶劣。试验卫星发射前，为了进行测控程序联调和操作演练，试验队队员每天连续工作 14 ~ 19 小时。在卫星发射时，有时不分昼夜连续开机工作，最长的连续开机时间达 33 小时，个别设备达 56 小时。

闽西地处亚热带，高温、潮湿、多雨，夏天室外天线部分温度高达

1986年2月，童铠在福建闽西测控站

50℃，每年雨季长达3个月，相对湿度95%以上。450-1设备元器件多达十余万个，焊接点近百万个之多，必须保证在长时间恶劣环境条件下稳定可靠地工作。

1984年1月29日，在西昌卫星发射中心，由长征三号运载火箭将东方红二号01星送往太空。本来火箭一切工作正常，地面各测量站跟踪良好，却不想火箭第三级发动机二次点火启动后推力消失，未能将卫星送入预定的大椭圆轨道。

由于西安卫星测控中心数据处理中心直接提供的第二圈两个等待点位置误差太大，不利于450-2丙防副瓣捕获，闽西450-2丙捕获目标后引导450-1时，因信号低于防副瓣门槛电平，450-1不能正常捕获目标，判定引导数据为副瓣跟踪，渭南站同样也未能提供正确的跟踪数据。

星上各系统均正常，就因为没进入预定轨道，数据处理器无法正常工作。

次日清晨，童铠根据中心第二次预报的轨道根数，用数据处理器预报了第 11 圈的轨道数据和目标散布椭圆的参数，发现在目标等待位置时的散布椭圆是倾角为 160° 的极细长椭圆，椭圆长轴方向虽然误差极大，达 ±250° 以上，但短轴方向误差非常小，只有 ±0.27° ，即使加上 ±2° 的裕量，也只有 ±2.27° ，但目标的运动角速度很大，不允许也不需要进行大范围搜索扫描。针对这种情况，他依照“试验通信卫星目标散布椭圆预报及目标捕获”的扫描捕获方案，联手唐建民和范凌波编制出试用程序，主动请缨，获得航天工业部副部长宋健的批准。

为此，在第 11 圈捕获前，专门召开了 450-1、450-2 丙总体人员和站指挥人员会议，确定在等待位置上按倾角 70° 和 90° ，两台设备同时进行扫描，450-1 扫描范围为 ±34° ，450-2 丙因波束较宽，可以适当加宽范围，争取覆盖带有裕量的 ±2.27° 范围。

捕获开始后，当站指挥员确定由临时指定的第三等待点退回预定的等待点时，用预定的等待扫描方式，450-1 系统在主动段第 11 圈的最后机会成功捕获并发出第一条指令，切断远地点发动机喉部加热器电源，保护了星上能源，挽救了电源将尽的卫星，使之成为一颗能长期工作的科学实验卫星。

日后，航天科技人员利用这颗险些走失的卫星，进行了卫星及其各系统的功能考核、性能指标测试及寿命试验，还完成了通信、广播及电视传输等试验，获得了许多非常宝贵的资料。

这一次捕获的成功，证明了预报散布椭圆的必要性，如不按此预报参数设置扫描参数，仍按 ±3000 km 的范围大幅度扫描，是不可能捕获目标的。其后的第 12、13 圈，也是在中心没有提供新的精确轨道根数的情况下，完全依赖童铠他们的预报和决策捕获目标的。

童铠

童铠院士传记

Academician Tong Kai's Biography

第十四章

积极开拓 卫星测控立新功

“450”工程不仅开拓了通信卫星测控技术，还培养造就了一支能攻坚克难、善于打硬仗的测控技术队伍，为后来完成任务打下了坚实的基础。1984 年，他因“在发展航天事业中贡献突出”而荣立航天工业部一等功。

身为技术领军人物，童铠以知难而上的探索精神、深厚精湛的理论水平、敢于担当的人格魅力、正派温良的率真性情和虚怀若谷的谦逊为人，影响并团结着身边的同仁们。在执行“331”任务中，除了为 450-1 和 450-2 丙奉献心血与才智外，他还奉命率众建立航天工业部同步轨道卫星跟踪遥测数据接收站——云岗卫星地面监测站。

这项耗时两年多的工程，是分成两个阶段完成的：第一阶段是修复改造，利用部分可用的 450-1 初样设备和在 450 天线场闲置的 520 天线系统，增加少量新设备建成卫星跟踪接收监测站；第二阶段是云岗卫星地面监测站为即将发射的东方红二号 03 星新研制了模拟遥测、伺服控制机，局部更新了微波接收机。

童铠受命后经常工作在第一线，不仅出谋划策，还亲自动手解决技术难题。

450-1 的初样设备和 520 天线，都是多年前出厂已完成预定使命的老旧产品，有的弃置室外风吹雨淋，外表斑驳不堪，内部许多元器件已过期，精度性能都有所下降，要废物利用，必须下大功夫修复改造。

童铠负责利用450旧设备进行技改、建设航天工业部“卫星跟踪监测站”时留影

童铠与高小明、李建民一起，对接收机进行了改进，重点解决了非相关AGC不起控、相关AGC在强信号刺激下失控的问题，改善了AGC控制线性度，排除了接收机频率分析器信号不正常的故障。

由于频率分析器不能正常工作，接收机没有频率引导，只能靠手动捕获，执行任务时，操作人员不仅手忙脚乱，还时常错锁在旁频上。他指导技术人员对频率分析器进行彻底检修，恢复了接收机频率捕获性能，解决了锁相环易失锁的问题。

童铠又与张光裕、边亚南一起，查出7个代用smm频标不稳，引起失锁和天线丢失目标问题，促进了带有防副瓣措施的自动捕获逻辑，并提出改进意见。他还与钱金昌、李健十一起，查明了继电器工作状态临界引起的跟踪不可靠问题。

在上述问题得到解决的基础上，再配合以标校、调整工作，注意提高引导天线的精度和严格按预定点扫描，从而改变了对近地卫星不能每次可靠捕获的局面。此外，他还通过参数调整，解决了不能可靠解调模拟遥测信号的问题。

在软件方面，童铠和范凌波一起，在150微机上改编了圆目标预报程序，增加了高阶长短周期摄动项，提高了目标预报精度，其后又将这些改进补进到闽西的IF-800微机程序中去，还编制了用回归分析方法预报新轨道根数的轨道改进程序，以备520天线系统作精定轨之用。

在数字接口硬件方面，他推动了由测轨终端向微机传送测绘数据和配置16位单板机的工作，为今后的伺服系统数字控制和实时数字引导打下了一定的基础。

修复改造好的旧设备，加上一些新添置的新设备，组成了一个功能较完善的卫星跟踪接收监测站，能够完成通信卫星的监测任务，并把遥测处理数据实时传输到航天工业部卫星监测中心和五院卫星监测室，供部、院领导和专家掌握分析卫星工作情况。

1984年3月中旬，童铠原定要随试验队前往闽西，参加执行第二颗卫星发射任务的准备工作，临时接受宋健副部长的指示，他留在北京为云岗卫星地面监测站执行“331”任务做好准备工作，一直忙到卫星临发射前一周左右，才匆匆赶赴闽西。

4月8日傍晚，下午还是乌云密布的天空逐渐放晴，灯火通明的发射场上，一切准备工作就绪。北京时间19时20分2.808秒，待命已久的长征三号运载火箭轰鸣着离开了发射架，携带着东方红二号02星，朝着深蓝色的天际冲击而去。

试验通信卫星的发射和定点，是一个极其复杂的测控过程。运载火箭将卫星准确地送入大椭圆转移轨道，仅仅是走完了第一步，这一步的飞行时间也只有20多分钟。闽西站引导设备450-2丙于19时23分53秒捕获目标，450-1于19时24分12秒在等待点截获目标。

20分钟后，火箭三级准确入轨，星箭分离，卫星按预定程序起旋，在大椭圆转移轨道上飞行良好。在转移轨道上，最理想的情况下卫星也要飞行37小时，其间要进行三次姿态控制、两次转速控制和一次变轨控制，才能被推进到准静止轨道，非正常情况下则要进行更多次的姿态精控动作才能变轨。

飞行主动段是在450-2丙捕获副瓣的情况下，由450-1通过等待及时地捕获了目标。童铠他们制定的捕获指挥流程，再次很好地发挥了作用，如当时盲目转450-2丙引导，后果是难以设想的。

在整个工作过程中，设备工作正常，跟踪稳定，测绘数据连续、平稳、质量良好。遥测工作正常、数据可靠，及时反映了星上设备的状态变化。遥控系统正确无误，执行动作准确，返回验证可靠，出色地完成了四级点火、姿态调整等各项控制任务。

卫星进入转移轨道后，童铠又连夜按第二次预报的轨道根数用微机预报了二远点轨道和目标散布椭圆参数，结果450-1与450-2丙都顺利地捕获了目标，比渭南站提前4分多钟，巧合的是目标直接穿过了450-1的等待位置。

这次二远点捕获目标的数据，证明他们用微机计算的结果是正确可信的，椭圆的细长特性是完全可以加以利用的。二远点目标捕获后，450-1与450-2丙都保持了跟踪，但450-1接收机是按原先计划的人工辅助手段获得平稳跟踪的，频谱仪也发挥了监视信号以防目标丢失的作用。

从以上的全部目标捕获过程来看，童铠率试验队所做的工作发挥了很好的作用，同时实际的捕获跟踪情况记录的数据，又反过来证明他们努力的方向和提出的数学方法、程序都是正确的。二远点的顺利提前捕获，省略了其

1983年，童铠在实验室研究东方红二号卫星发射“目标散布椭球预报及目标捕获”方案

后大范围的搜索扫描工作，这正是大家所希望的上乘结果。

静止卫星轨道很高，地面发射机功率要比用于近地轨道卫星测控的地面发射机功率高100倍以上，才能补偿由于距离增加所带来的功率损失。卫星从发射到最后在预定空间位置定点，变轨和轨道调整等多种程序的测控任务都由地面站包揽，这8个昼夜他们必须连续工作，在测控圈每次开机的持续时间长达十多个小时。

卫星进入转移轨道后，测控站的任务是测量转移轨道数据，遥测监视卫星工作情况和卫星姿态、转速等参数，对卫星进行控制；进入准静止轨道后的任务是，在卫星越出地面测控站作用范围前测出准静止轨道参数，对卫星进行遥测和遥控，使之建立轨道法向姿态，进行轨道调整控制，确保卫星运行周期与地球自转周期相近（差4分钟）；在静止轨道定点后的任务是定期测轨，在轨道位置偏离到规定值时进行轨道修正，测量卫星工作情况，控制卫星工作状态，对卫星姿态及转速进行测量和调整，对消旋定向天线对地定向的情况进行测量。

由于没有在国外设测控站，在 37 小时的转移轨道飞行过程中，只有大约 10 个小时能观测到卫星，其余时间都是测控站的盲点，只能依靠部分弧段来完成繁重的测控任务，更增加了测控的难度和复杂性。

卫星进入转移轨道第二圈的测控非常关键，进入准静止轨道的许多测控任务，都要在这一圈的观测弧段内进行。“东方红二号”刚露出地平线，450-2 丙立即捕获目标，450-1 随即亦迅速捕获目标，所得数据比预计还要准确，发送的全部指令通过遥测验证均未发生任何误差。

4 月 10 日 8 时 47 分，地面站发出远地点发动机点火指令，使卫星顺利进入准静止轨道；4 月 16 日 18 时 27 分 57 秒，东方红二号 02 星成功定点

1984 年，东方红二号 02 星发射定点成功后，童铠（前排右四）与试验队队员合影

于东经 125° 赤道上空，星上仪器工作良好。

东方红二号通信卫星的发射成功，使我国成为世界上第五个能自行发射静止轨道卫星的国家。闻听喜讯，时任国务委员兼国防部长的张爱萍，十分兴奋，当即欣然命笔，写下一首《破阵子》，以示祝贺：

破阵子

我国同步卫星发射成功

1984年4月16日

万里联营布阵，
冲天烈火彤彤。
莫问巡天几回转，
好去乘风遨苍穹。
运筹任从容。
玉宇明灯高挂，
金丝细雨飞虹。
玉帝躬身仙子舞，
正是人间日曈曈。
华夏沐春风。

美国国家航空航天局局长贝格斯写信给航天工业部部长张钧，祝贺中国成功发射地球静止轨道卫星。他在信中称赞道：“你们完全可以为中国航天计划中的这一重要技术里程碑感到自豪，为长征三号运载火箭的性能感到自豪，仅有少数几个国家达到了这次发射所显示的技术能力。”

他的话并非空穴来风。能够顺利让东方红二号卫星进入地球同步静止轨道，

1984年4月，张钧部长与完成地球同步轨道通信卫星发射任务的童铠亲切握手

标志着我国航天技术有了以下几个方面的重大突破：新研制成功的长征三号三级液体火箭，使我国在运载能力提高上有了新的飞跃，以往发射的卫星都属于低轨道卫星，远地点在数百至数千千米范围内，这次把重量为910千克的通信卫星送入远地点为35800千米的地球同步转移轨道；测控站可超越4.5万千米的远距离，对飞行在太空中的通信卫星执行准确测量、控制、调整姿态，令其改变运行轨道以及定点等任务，没有在国外建测控站，跟踪弧段短，当卫星飞到地球背面形成盲区的情况下，仍能准确捕获、跟踪、测量和控制，在短短的8个昼夜之内，让卫星变轨飞行进入准静止轨道，并定点于东经125°的赤道上空，也是创纪录的；以往近地卫星以“天”计算寿命，如今通信卫星寿命要以“年”来计算，可以长期运转，表明我国在卫星能源、电子技术和材料科学等方面都具备了相当水平。

从4月11日到22日，450-1对卫星跟踪观测累计工作时间为182小时31分26秒，最长连续工作32小时21分，设备一直稳定可靠，工作正常。在此期间，由闽西站发出指令134条，执行控制2489次，均正确无误。遥测系统及时准确地提供了星上仪器的工作状况，连续工作时间最长，在对卫星进行姿态测量和姿态监视中起到了很大的作用。

450-1捕获性能好，能自动、快速、可靠截获目标，并具有频率上防假锁，角度上防副瓣跟踪的特点。该系统既能对近地卫星进行测控，又能对同步轨道卫星进行测控，既能跟踪高速运动的主动段目标，又能跟踪低速运动的运行段目标，跟踪角速度范围大，试验信号变化能力强。

450-2 丙在二远点、四远点发现与捕获目标的时间都比 450-1 和 155 设备早几十至几百秒，发挥了良好的角度捕获与频率捕获性能，以及大天线难以发挥的低仰角跟踪的机动灵活性，在执行任务过程中，发现目标早、捕获目标快，捕获概率及引导成功率均达 100%，圆满完成了测控任务。

经实战验证，微波统一载波测控系统达到了世界先进水平，实现了一站多用的设想。1984 年 6 月 2 日，450 设备正式移交给西安卫星测控中心操作使用。

450-2 丙投入使用后，历次卫星发射都圆满完成了引导 450-1 和 155 的任务，1985 年获得国家科学技术进步奖一等奖。虽然获奖名单中没有童铠，可 549 厂的陈炳祥厂长却认为，450-2 丙能够创造这样的业绩，“童铠的创造性贡献起了关键性作用”。

1985 年 12 月，任新民理事长委派童铠代表中国宇航学会，前往美国夏威夷参加“空间开发与利用”国际学术会议。会上，他宣读了题为《发射同步通

1985年12月，在夏威夷国际学术会议上，童铠代表中国宇航学会作报告

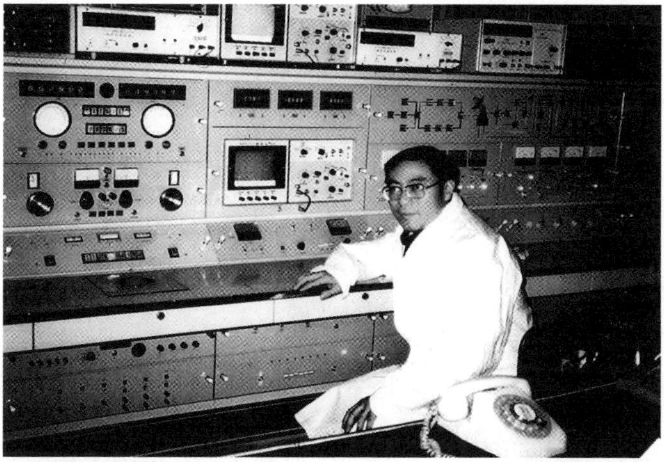

1986年1月，东方红二号03星发射前，童铠在福建闽西站对450测控系统关键设备进行最后检查

1986年2月，东方红二号03星发射成功后，童铠（前排左五）与参试人员合影

信卫星的中国测控系统》的学术报告。中国测控系统在无全球测控网的支持下，国内用单站测控将通信卫星送入地球静止轨道，引起国际宇航界的震惊，会后与会者纷纷向中国代表团表示祝贺和钦佩。

1986年2月1日，闽西测控站又圆满完成了东方红二号03星的变轨、调姿、控制等一系列复杂的远距离测控任务，于2月20日将其定点于东经103°赤道上空。这颗实用通信广播卫星对我国军事通信、保密电话的传送有着重要意义，改变了我国常规的通信手段，加强了内地与边防、海防、船舰的联系。

东方红二号卫星的三次发射，及东方红二号甲卫星的发射，云岗卫星地面监测站都成功地进行了跟踪监测，并对遥测信号进行接收处理，将第一手资料传输到航天工业部卫星监测中心和五院卫星监测室，使部、院领导和专家们得以即时掌握分析卫星工作的情况。

1987 年 4 月，为配合东方红二号甲第一颗卫星发射，503 所组织了由一、二室部分人员参加的试验队，童铠和钱金昌为负责人。在卫星定点过程中，由于渭南站和闽西站测得的轨道数据不一样，在西安卫星测控中心无法确认哪个站数据正确的情况下，将云岗卫星地面监测站提供的轨道数据与另两家数据进行对比，来确定轨道进而定轨，将卫星准确地定点到东经 87.5° 赤道上空，圆满完成了东方红二号甲第一颗卫星的监测任务。

云岗卫星地面监测站在这次发射过程中，获取了大量的遥测数据，在卫星定点过程中起到了决定性作用。为此，童铠荣立航天工业部五院二等功。

从 1970 年开始研制“东方红二号”，到 1986 年第三颗星发射，历时 16 年，开启了我国用自己研发的卫星进行通信的历史。微波统一载波系统的研制成功，在我国卫星测控技术上有着里程碑的意义，不仅突破了电子领域诸多高新技术，还为我国卫星测控网、载人航天测控网的建设提供了成熟技术，打下了良好基础。

“450”工程开拓了通信卫星测控技术领域，培养造就了一支能攻坚克难、善于打硬仗的测控技术队伍，为后来完成其它航天测控任务奠定了基础。童铠虽然是中途加入这支研制队伍的，却后来居上，起到了别人难以替代的重大作用。他因“在发展航天事业中贡献突出”而荣立航天工业部一等功，并由“450”工程副总设计师升任为总设计师兼总指挥，又获得了国家科学技术进步奖特等奖。

说起获奖，还有一段令人啼笑皆非的小插曲。

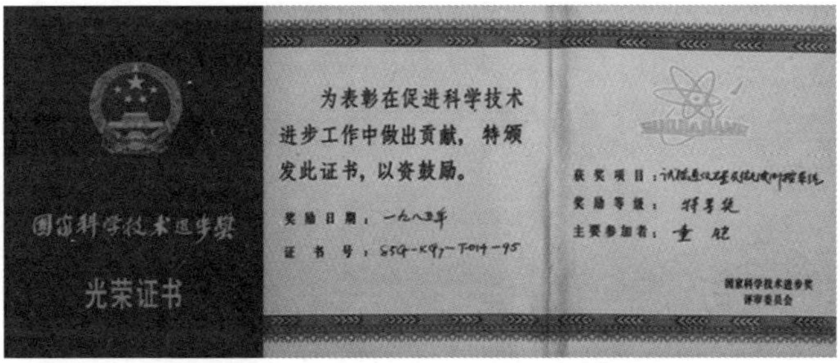

童铠获得国家科学技术进步奖特等奖的证书

作为东方红二号地球同步轨道通信卫星微波统一载波测控系统第一答辩人，童铠顺利通过了特等奖答辩，奖项批下来后，获奖名单中却没有他。领导解释说获奖名额只限 7 个，所以不能都上，让他正确对待。

他很淡定，什么也没说，该干什么还干什么，该怎么干还怎么干。从 1980 年至 1986 年，6 年间他晨兴夜寐，险些把命搭上，在圆满完成校飞试验、全面提高系统性能和捕获跟踪能力、提高跟踪精度达国际水平、完成历次卫星测控任务等诸多方面，发挥了无可替代的重要作用，目的并不在于获奖，而是觉得从事的都是国家重点工程，自己有责任一次比一次完成得更好。

童铠可以什么都不说，舆论却是一片哗然，群众中产生了一种说法："有人是专门负责干事的，有人是专门负责拿奖的。"

此事不仅让普通科技干部愤愤不平，也引起了任新民等几位老专家的关注。评审委员会因此重新研究了该项奖的具体情况，认为主要完成人上得太少，又专门为童铠等人补发了特等奖证书。只不过原版的证书都是红皮的，后补的却是绿皮的，并且他从"主要完成人"变成了"主要参加者"。

1997 年童铠申报中国工程院院士时，在国家科学技术奖国防科技评审委员会为他出具的获奖证明上，又写有"童铠同志是微波测控系统部分的第二完成人"。贡献有目共睹，公道自在人心！

童铠

童铠院士传记

Academician Tong Kai's Biography

第十五章

另辟蹊径 研制数据缓冲器

他确实不愧为具有将帅之才的领军人物，不仅在同步数据缓冲器（S/DB）分系统的研制中立下汗马功劳，在其他分系统的研制过程中也提出了许多有的放矢的指导性意见，帮助解决了不少关键性技术难题。

20 世纪 80 年代中期，我国的航天事业已经形成了比较完整的卫星研究、设计、制造、试验体系，开始由试验阶段向应用阶段转移。国家各经济部门结合各自的业务领域对卫星应用提出需求，迫切希望利用卫星技术拓展业务、提高水平、增加效益。

为了适应卫星应用技术的发展，航天工业部批准将原“450”工程办公室、五院 506 工程处信息室和计算站三个单位合并，成立北京卫星信息工程研究所，代号 503 所。该所的主要任务是卫星图像信息预处理研究，典型目标信息应用的研究与开发，五院承担的大型地面站技术抓总，卫星监测试验站和计算机的运行管理，以及院内计算机应用技术研究的归口管理。

1986 年 8 月 16 日，503 所正式成立，发展策略为抓发展规划，搞基础设施建设；抓预先研究，攻技术关键；抓市场开发，发展军民两用技术和产品，促进成长壮大。童铠被任命为 503 所的首任所长，党委书记为王德魁，副所长为徐芳文。

503 所刚组建不久，就迎来了一个很好的机遇和很大的挑战——风云二号静止轨道气象卫星指令与数据接收站（英文简称 CDAS）系统工程项目面

童铠（左四）与503所同事合影

向社会招标。承接一个大的地面站研制任务，不仅可以获得可观的经济效益，而且可以使总体技术队伍得到很好的培养和锻炼。

静止轨道气象卫星必须依靠大型地面站才能实现天与地的对话，在这里先要用20米天线接收卫星传下来的原始云图，再将带有锯齿状畸变的原始云图处理成展宽云图发回卫星，同时用光缆直传国家卫星气象中心，再由气象专家进行加工，才能成为我们每日关注的电视台播出的天气预报云图。

风云二号气象卫星研制工作启动后，地面站的研制工作便被提上了日程。有关部门决定，在北京市海淀区东北旺建立一座大型地面站。这是我国第一套集遥感图像接收与实时处理、多种云图广播与数据通信，以及对卫星跟踪、三点测距定轨、卡尔曼滤波定姿和遥测、遥控等多种功能于一体的、多载波体制工作的、具有国际先进水平的大型综合卫星地面站，也是我国当时最复杂、功能最全面的卫星地面站。

全系统由一个主站、两个副站组成，共有3个天线、1套主计算机和13台下位计算机、1个标校塔和54个大型机柜组成，分属14个分系统，主站

童铠参观卫星地面站时留影

设于北京，两个测距副站分别设于乌鲁木齐和广州。此外，为改善三站测距定位的几何关系，以提高对卫星的定轨精度，我国气象局还和澳大利亚协议，准备为该测距系统在墨尔本另设一个测距副站，与广州副站互为备份。

由于CDAS系统庞大复杂，技术先进，研制难度非常大，同类型的设备只有美国、日本和欧洲共同体研制成功并投入使用。

怀着势在必得的决心，503所先是成立了一个预研课题组，后来又扩大成一个研究室，童铠亲自挂帅，为竞标做好充分的准备工作。经过深入研究和反复论证，他们先后推出了《CDAS总体方案设想》和《CDAS研制建议书》，对完成CDAS研制任务的技术基础、产品质量保证、研制任务的组织实施、技术方案、研制计划与分工、经费估算等进行了详尽的描述，作为五院的投标书参加投标。

1989年1月，五院与国家卫星气象中心就CDAS站研制合同签字后，童铠（左）与郭关生（右）合影

竞争十分激烈，参加投标的有电子工业部和总参57所等研制力量很强的大单位。通过评审，评审委员会一致认为，五院的投标书技术水平最高，但因报价3650万元远远高于总参57所的2800万元而未能中标。

事后，CDAS的用户单位国家卫星气象中心在与总参57所的进一步沟通中，发现对方对于CDAS理解不够，有部分研制费用未包含在投标书中，最终报价其实并不比五院低多少。于是，他们又回过头来请五院承担CDAS的研制任务。经过双方协商，于1989年1月初以总经费3650万元正式签订了研制合同。

CDAS是503所成立后接手的第一个大型卫星应用项目研制任务，也是第一个在社会投标中争取来的国家重点工程，意义非同一般。全系统总体及三个半分系统的研制任务由503所承担，研制经费共1000多万元。这对刚成立不久的503所而言，无论是经济效益，还是培养锻炼技术队伍，都是难能可贵的大好机遇。

其他参加研制的单位还有五院501部、502所、504所、539厂，及电子工业部39所。

航空航天工业部任命童铠为工程总设计师，副总设计师由邱贤佐担任。童铠有着丰富的工程研制经验和丰硕的科研成果，出任总设计师主持研制我国第一座“地球同步气象卫星指令与数据获取站”是众望所归。

这一纸任命让他麾下的同事们在创造世界一流、亚洲第一的征程中，平添了更多的信心。他们从各自不同的角度表达了对他的拥戴：“老童当总师我们放心，有他就有成功的把握。”“每次我们分系统工作中碰到难题，他总有办法帮助解决。”“跟他干活可以学到很多东西。”“只要有童总在，再困难总会有一个人能帮你解决”……

身为总设计师，童铠面临着前所未有的挑战，万一研制不成功，503所不仅信誉严重受损，还会失去作为地面总体的地位，而且不光503所把CDAS研制当成全所的中心工作，五院也把CDAS视为“八五”期间的“四星一站”重点任务来抓。内部的人都知道，一直以来，院里都是以卫星型号研制为重，把地面站研制工作提高到与卫星型号研制任务同样高度来重视，在五院还是史无前例的。这既是动力，也是压力，只能成功，不能失败！

上任伊始，他就给研制团队定下了五条要求：一、提出深思熟虑的总体方案构思，保证整体设计正确、协调，研制过程中绝不能发生系统性差错；二、掌握影响系统成败的关键技术，深入实际指导技术骨干一起攻关创新；三、分机间接口关系必须合理、明确，软件流程通畅；四、时时刻刻注意精益求精，一丝不苟，严格要求；五、要团结协作，目标一致。

大型工程不同于预研和理论研究，要按特定的明确目标，在一定的经费与时间内，集合多个分机单位的技术力量来完成。总设计师的首要职责是保证整体设计正确、协调和关键技术突破，研制的总方案和大阶段一定要不出错、不返工、不窝工。

为此，童铠提前刻苦学习国外几个CDAS的技术资料，衡量国内的技术基础和条件，再根据用户的指标要求来构想我国未来 CDAS 的全貌应该是什么样子，哪些可以参考借鉴，哪些可以用当前更新的技术提高一步，哪些必须靠攻关创新才能完成任务，以及通过什么样的研制流程才能保证总体方案的实现，等等。经过反复琢磨研究，深思熟虑，一个具有中国特色的 CDAS 总体构思在他的脑海中逐渐形成。

起步之初困难重重，面对这样一个庞大、复杂、要求很高的系统，一些关键技术工作的机理不清，缺少技术储备，研制周期又很紧，而 CDAS 要用的大功率管国内才刚刚开始试制，摆在各分系统设计师面前的是一个又一个难题，而童铠面对的则是所有的难题。

好在中国航天人历来就不乏勇于挑战、知难而上的特质，不乏将国家利益、民族振兴置于个人之上的奉献精神，爱国不是口号，不是姿态，而是真真切切的工作实绩，他们以“503 所与 CDAS 共存亡”的口号激励自己努力奋进。

气象卫星在天上以每分钟 100 圈的速度自转运转以保持稳定，只有 0.6 秒对准地球由东向西扫描。每次扫描形成一条线，每幅圆盘图由 2500 条线组成，每条扫描线在星上变成高速数据码传到地面 CDAS，再由 CDAS 中的同步数据缓冲器（S/DB）恢复真正等角度的无畸变视图，并将分辨率降低形成展宽云图，隔一行后立即发回卫星，插在两行原始云图数据的时间间隔内，分时经同一卫星转发给广大国内外用户。

同步数据缓冲器是地面站最复杂的关键设备，CDAS 没有它就如同人没有心脏。这种同步数据缓冲器只有美国能生产，日本研制 CDAS 时考虑难度太大，NEC 公司是斥资 500 万美元购买美国专利才得以成功的。

CDAS 的用户中国气象局国家卫星气象中心担心时间紧迫——按照航天业的惯例，只能地面站等卫星，而不能让卫星等地面站，万一在卫星发射计

1989年4月，童铠在日本GMS气象卫星模型前留影

划要求的时间内研制不出来，是否应该购买国外产品或专利技术做应急备份措施呢？然而，国家下拨的全套设备的研制经费，还不够买一套同步数据缓冲器的。

用户的担心更增加了研制人员的压力。童铠也曾亲赴日本，考察NEC公司研制的GMS气象卫星指令与数据接收站。对同步数据缓冲器这种顶尖技术，别说指望对方传授经验了，只是开口咨询一下，就需先交50万美元。

在国内无技术储备，国外专利又保密的情况下，他凭借自己多年来在大型工程研制中摸索出来并行之有效的"务实、创新"的科研理念，以及磨砺出来的对重大关键难题做出正确决断的魄力，下决心自主创新。

就此，童铠发出了掷地有声的所长动员令：

童铠主持 CDAS 各分系统之间接口协调会

"虽然我们没有那么多钱，但我们有不甘落后的志气，有艰苦奋斗的精神。我们中国人并不比美国人笨，他们能做出来的东西，我们一定也能做得出来！"

在他的提议下，503 所与 502 所成立了联合课题攻关专家组，集中力量进行核心技术攻关。关于 S/DB 课题技术攻关，同步数据缓冲器的主任设计师范士明写有这样一段文字："在 CDAS 站项目启动阶段，童总就明确指示，作为 CDAS 关键分系统的同步数据缓冲器属于高新技术，在国际上也只有少数技术发达国家具备研制能力，必须进行关键技术攻关。于是，我们开始了夜以继日的工作，编制完研制任务书后，我如期上报童总。接到审批后的任务书时，面对上面批阅的密密麻麻的小字，我简直惊呆了。童总几乎对每一行重要指标都进行了复算，并提出自己的看法，工作之细超乎想象，这需要付出多大的心血啊！"

童铠带领大家群策群力，集思广益，经过认真的对比分析，认为以我国现有的工业水平和硬件，实现起来难度太大，不如索性换一种途径来解决，充分利用当代微机技术的最新进展和院内雄厚的软件开发力量，扬长避短走一条不同于国外的研制道路。他们从 S/DB 的基本工作原理着手进行深入讨论，创造性地制定出"先缓冲存储后重新采样"的全新方案。

这个方案成功地实现了用软件方法替代昂贵的高速硬件电路，降低了技术难度，节约了研制成本，不仅能保证研制进度，还显著提高了等角度重采样的插值运算精度和处理灵活性，使之既具备国际领先水平，又有着中国自己的特色。

以计算机软件替代昂贵的高速硬件电路，自此逐渐成为航天业的指导思想。这样既可以不受我国较落后的工业水平的局限，又造价低廉，调整起来也方便灵活，非常有利于比肩甚至超过国际先进水平。

在专家组全体科研人员的努力下，经过一年多的技术攻关，突击研制出了 S/DB 模样设备。为了验证方案的正确性和可行性，他们借用总参上海 814 站的接收信道和 QPSK 解调器、分路器，以及尼克松访华时留下的 10 米天线，用 S/DB 模样机进行接收和处理日本 GMS 卫星原始云图的试验。

不知什么缘故，一连三天，无论怎么调试就是收不到云图，参试人员只好打电话搬救兵。第四天，童铠来到上海，亲自动手重新扫了一遍，云图居然出来了。大家都称奇叫绝，他却只是轻描淡写地说："试验中一点也不能马虎，不同的问题不能用同样的办法去解决。"

接下来的日子里，年近花甲的童铠冒着酷暑留在上海指导试验，仅用了十几天就帮助研制人员解决了一直困扰大家的原始云图图像丢行错行等问题。最后的试验结果表明，数据处理正确，图像清晰，验证了 S/DB 模样机的原理正确可行。

S/DB 模样机试验成功是 CDAS 工程取得的第一个重大胜利，院内外专家给予了很高的评价，既鼓舞了研制人员的士气，也解除了用户方面的担心，使他们彻底打消了斥巨资从国外进口 S/DB 的念头。

在此基础上，课题组在不到一年的时间内又研制出 S/DB 初样设备，并用自行研制的 CDAS 20 米天线、接收信道（初样）和 S/DB 初样等，在北京气象卫星地面站进行接收日本 GMS-4 静止气象卫星原始云图及生成展宽云图试验。

试验一开始并不顺利，S/DB 初样接收的原始云图经常出现漏行和花道，试着采取了多项措施后还是无济于事。据童铠的认真分析，花道是由于同步分路器抓错了同步头，分路的数据错位引起的，要想解决这个问题，就必须扭转观念，找出适合本数据格式的独特捕获方法和流程。

经与分机主管讨论统一认识后，他们又设计出新的捕获方法和流程，实施后问题便迎刃而解，不仅获得了优质的展宽云图，而且做到在恶劣的误码率条件下一万行数据不丢不错一行的高度可靠水平，解决了 S/DB 的处理精度问题，为其正样产品研制提供了性能保障。

1990 年 10 月 27 日，由资深航天技术专家、“863”计划倡导者之一杨嘉墀院士主持的“风云二号静止气象卫星同步数据缓冲器（S/DB）系统方案研究预研成果鉴定会”在五院召开。鉴定委员会和全体代表听取了 S/DB 方案研究报告、测试报告和资料审查报告，观看了处理生成的云图照片。

经过认真讨论，鉴定委员会一致认为：S/DB 系统是预研项目，研究方向正确，原理样机方案设计合理，技术先进，属于国内首创，其中部分技术成果达到国际先进水平。本项目的成果为我国自行设计研制静止气象卫星的 S/DB 系统奠定了基础。

童铠

童铠院士传记

Academician Tong Kai's Biography

第十六章

务实求精 自主建成数据站

似乎他的大脑记忆沟壑里储存的全是解决问题的办法，血液里流淌的都是付诸实施的方案。有人统计过，CDAS仅星地对接和应用系统联试阶段，就出现过上百个技术难点，其中关键的问题都是他亲自出面解决的。

攻克了关系到CDAS成败的关键性设备，研制队伍大大松了一口气。为了缩短研制周期，节省研制经费，14个分系统除了S/DB外，其余有研制基础的设备均省去初样研制阶段，直接由模样转入正样研制。全面展开的正样阶段是以三个战场分类进行深入反复联试来完成的，由于前期工作做得扎实，正样研制、联调和星地对接都相当顺利。

在CDAS研制总体方案设计中，童铠充分考虑到将来与日本GMS接收站的信号兼容问题，研制过程在风云二号卫星到位之前，CDAS可以先利用GMS卫星信号进行原始云图接收处理与展宽云图站内闭环转发试验，并对G/T值、EIRP、测距精度、角跟踪精度、原始云图接收处理误码率等系统指标进行测试。

1991年9月至12月，他参加并指导了在北京东北旺气象卫星地面站进行的CDAS接收与处理日本GMS原始云图试验，接收出来的展宽云图图像清晰，达到接收处理云图一万行不漏不错一行的要求，试验取得圆满成功。

这是CDAS研制工作的一个重要转折点，也是CDAS研制工作中的第二项重大试验，不仅验证了S/DB初样的性能，而且验证了整个CDAS下行信

童铠（前排左一）向视察CDAS站的艾长春（前排中）汇报工作

道和原始云图解调器、同步数据分路器、精太阳脉冲遥测解调器的性能均可靠无误，为CDAS全面转入正样研制创造了条件。

CDAS研制工作中的第三项重大试验，是分别在北京地面站、上海509所和西安504所进行的“原始云图星地对接试验”“遥测遥控星地对接试验”和“三点测距星地对接试验”。这三个试验都取得了令人满意的结果，验证了星地设备工作协调，接口指标匹配，为日后CDAS与“风云二号”整星的星地联试打好了基础。

1992年年初，CDAS进入全面的正样设备研制阶段，一年之后通过评审，全部正样设备先后进站进行安装、调试和相互间的接口对接。随即，又进行了CDAS全系统联试和系统指标测试，以及利用标校塔进行跟踪、云图转发和测距、测距精度、角跟踪精度等一系列试验，所有测试指标均满足或优于任务书指标要求。

学无止境，童铠几十年如一日保持着终生学习的好习惯，孜孜以求，锲而不舍，平日里点点滴滴的积累，成就了他精深独到的造诣和厚积薄发的能量，工作中总能够举重若轻地率众攻克难关。

他确实不愧为具有将帅之才的领军人物，不仅在同步数据缓冲器（S/DB）分系统的研制中立下了汗马功劳，在CDAS其它分系统的研制过程中，也提出了许多有的放矢的指导性意见，帮助解决了不少关键性技术难题。

身为503所首任所长，行政工作十分繁重，他白天要处理所内各项庞杂事务，晚上回家还要深入研究不断遇到的各种科技难题，一般很少能在晚上12点之前睡觉。除了吃饭睡觉这些基本的生存需求之外，难得有时间留给自己和家人。

童铠对总体研制方案和技术攻关工作抓得非常具体和细微，总是亲临第一线指导并参与攻关。他不仅在大系统的概念上非常清楚，在具体的技术细节上也从不含糊，总能够准确无误地指出工程技术问题的错误所在，还时常亲自上手解决问题。

每当攻关受阻，他都要深入到分机现场摸情况，首先听取有关设计师的意见，再从系统的角度出发，从更深更高的层次观察存在问题的各种客观现象，仔细分析试验数据，摸规律、查电路，找出问题发生的真正原因，然后提出解决问题的思路和方法，并指导分机人员进行实施。坦率地说，像他这样既掌握全局又亲自解决关键技术问题、既是指挥员又当战斗员的总师并不多见。

诸多重大工程实践的历练，令童铠形成了务实求精的工作作风。作为总设计师，他认为解决实际工作中的难点问题一定要讲究方式方法，既要能够深入项目中寻找技术实现的路径，又要能够跳出来站在一个更高的角度审视思考方向是否需要调整，只有成竹在胸，形成正确的概念，才能做出准确无误的技术和管理决策。

他经常说的一句话就是“我的手里不能有败笔”，既不允许总体设计有任何疏漏，也不允许分机和各阶段存在任何没有解决的重大问题，并且认定“凡是影响系统总体性能的技术难题，总师都有义不容辞的责任”。

多年从事专业技术工作，使童铠在电子工程上精致通达，练就了一种敏锐的洞察力。而从学生时期就开始涉猎行政工作积累的经验，又造就了他上乘的组织才能，善于协调各方面的关系。每当关键技术问题的决策或是攻关受阻，人们首先想到的就是童铠。他也总是能以自己持之以恒的探索精神影

童铠（左）在 CDAS 站机房与同事讨论技术问题

响着周围的同事，以自己热诚谦逊的合作态度吸引着共事的伙伴。

CDAS技术攻关初期，研制工作遇到同步数据缓冲器数字锁相环无法锁住的问题，研制人员进行了多种尝试，反复试验也未能如愿。童铠在现场仔细观察了故障现象后，下班时捧着一摞资料回了家。

简单吃过晚饭，他就伏案开始工作，待东方天际露出一抹晨曦时，几页纸上已经密密麻麻写满了相关的演算公式、数据和推论。几乎一夜未合眼的他与往常一样准点来到班上，向分管人员详尽介绍了自己研究出来的解决思路。研制人员按照他的指点一项项进行改进后，问题很快便被化解掉了。

此外，同步分路器技术的突破，N值过零问题的解决，也都倾注了童铠的心血。

在进行星地对接试验时，遥控指令出现大小回路随机误码或错码现象，这是关系到卫星是否能正常工作的大问题。主管设计师费尽千辛万苦，仍排查不出故障点。得知这一情况后，童铠建议他们用逻辑分析仪查看输出波形，并同设计师们一起连续两天目不转睛地盯着显示屏，捕捉微小的异常变化，最后终于准确探明了故障所在，修改了软件程序，使这一困扰研制人员的难题得到了彻底解决。

按设计要求，测距零值突跳精度不能大于15

米，然而在测试中，仪器常常一跳就是 20~30 米。究竟是什么原因呢？他一头扎进机房，经过一番认真察看，认为毛病出在校零环上，建议绕过校零环进行测试，结果证实，的确是校零环出了问题。如何排除这一故障呢？他提议取消其中的三个滤波器，操作人员“照方抓药”后，测试精度果然达到了要求。

CDAS 研制进入关键时刻后，分机的一个“四项解调”总是达不到要求。远在西安的研制单位 504 所想了很多办法，全都未能奏效。童铠闻讯后匆匆前往，下了飞机后直奔实验室，脱下外衣，就和研制人员一起开始调试，还真是“行家一出手，就知有没有”，很快就查明问题，是设计的窄带锁相环不能满足每一行数据信号的独立快速捕获解调所致。

他又连夜重新设计。凌晨 3 点多了，同住一屋的同事起夜，看见童铠还在台灯下伏案工作，连忙劝阻：“童总，您身体本来就不好，这么熬夜怎么吃

童铠应邀到西安作报告，会后在西安碑林博物馆

得消，天都快亮了，快睡会儿吧！”

“没事儿，你睡你的，我这里还差一点儿就完成了。”就这样，他彻夜未眠，一直忙到早晨7点多才稍事休息。待大家到点来上班，按照新的设计方案改过后，试验一次成功，“四项解调”顺利达标。

出于研制工作的需要，童铠先后多次前往504所。每次得知他要去，该所的负责同志都不忘提醒相关人员做好“功课”:“童总可是真正的行家里手啊，小心被他问住，答不上来可就丢脸了！”

分系统对接试验阶段，发射机和天馈设备匹配出了问题，个别频点驻波居高不下，把双方拆开后却检查不出任何问题。反复分析、查找原因，直到深夜，最后断开30米长的粗馈线，才查出原来是对接口端密封圈错位导致的。问题解决后，大家这才松了一口气。

一向不喜欢长篇大论进行说教的童铠，只语重心长地说了一句话，却一语破的，让身边的年轻人有所感悟:“工程上万万不可忽略‘小节’，它可能构不成有板有眼的论文，更不能上学报，但真的是‘拦路虎’啊！”

对工程负责，对用户负责，是他一贯的工作态度，只要气象局方面提出要求，不管是否在任务指标范畴之内，他都尽力帮助解决，尽最大可能满足对方的需求。有人对此表示不理解，他没有任何高调的标榜，只是实实在在地说："做工程不就是为了用户应用嘛，咱们有责任让人家用起来没有缺憾。"

数据站工程进入了最后阶段，在进行频率综合器的验收时，屏幕上有几个点频数据处于临界状态。按说这种情况完全可以放过去，何况用户也没有提出什么异议来。究竟怎么办？众人说法不一，目光不约而同地投向了童铠。

这台仪器凝聚着大家五年多的心血，数据站精度的高低代表的不是个人，而是五院，是国家。他以不可逆违的坚定态度说："要做就要做到最好，临界就说明还有差距，我的意思是重新返工，只有最大限度的高精度，才能确保第一流的数据站！"

在轨测试时，由于测距软件还未经过远距离移动目标的考验，实际轨道测量数据发生一些有规律的错误，严重影响定轨精度。他和有关设计师一起，按错误的规律分析查找，迅速解决了问题。但之后测距数据又出现没有规律的大数错误，在无法分清是硬件还是软件问题的情况下，分析深入不下去了。

童铠请分机人员把 5 个测音的 20 组实测原始数据暂时存储打印下来，事后加以分析。他先用计算器一项一项按公式验算整个软件运算过程，发现是测距计算机输出的结果不对，从而排除了硬件问题，然后又在软件中设置了几个中间计算步骤断点核实，从而查明原因出在意想不到的外部，是监控台调机时误操作，使实时传送来的距离零值数据出了大量值差错而致。问题得到解决后，测距精度满足了云图加网格要求，并达到国内先进水平。

虽说技术上的问题解决了一个又一个，可等待解决的问题依然源源不断，以致童铠成了一个问题堆积的"负重者"，走在路上都是一副若有所思的神情："我每天脑子里装满了问题，而且都是非解决不可的问题。"

与此同时，似乎他的大脑记忆沟壑里储存的全是解决问题的办法，血液里流淌的都是付诸实施的方案。有人统计过，CDAS 仅星地对接和应用系统

1993年，童铠（右二）陪同中国气象局、中国航天工业总公司、五院领导视察CDAS站

联试阶段，就出现过上百个技术难点，其中关键的问题都是他亲自出面解决的。

智者说“信念是一种无坚不摧的力量”，童铠的信念就是“办法总会比困难多”，这正应了那句俗语“有志者自有千方百计，无志者只觉千难万难”。每当研制工作遭遇瓶颈期，他总是那个给大家打气鼓劲儿的角色。

每逢技术上碰到破解不了的难题时，人们也都会不约而同地想到童铠，笑称他是“救火的人”。常常是这边的问题刚刚解决，那边的问题又出现了，甚至有时这边的“浓烟”还未散尽，那边的“火苗”已经呼呼燃起。这就难怪CDAS建成后，同事们众口一词地说：“没有童总，就没有CDAS的今天！”

只有童铠自己发出了不同的声音：“都是大家

1994年，童铠视察CDAS站三点测距新疆乌鲁木齐副站时在吐鲁番留影

努力的结果！”

在CDAS攻关最为紧张的阶段，童铠的时间表不是以星期或天为单位，而是以小时为单位，而且这个时间表上没有白天黑夜，也没有星期天和节假日。在紧张的工作现场忙碌一天回到家里，常常又是新的攻坚内容的开始，他就像一台上足了发条的机器，总是不知疲倦地运转着。

话语不多，作风严谨，是童铠留给人们的普遍印象。在工作中，他向来以严著称，正是在这种近乎苛刻的严格要求之下，世界一流的数据站终于建成了，而且研制过程中创下了多项骄人的纪录：数据同步缓冲器比国际上已有的硬件方案在图像处理精度和灵活性上有很大提高，具有国际领先水平；首创在国内采用对卫星进行三点测距定位的方式，达到了最高的确定卫星轨道位置的精度；建成了国内第一套S波段大功率天线发射系统；在国内首次建立数据收集平台系统。

童铠

童铠院士传记

Academician Tong Kai's Biography

第十七章

大功告成 老院士为之自豪

CDAS操作高度自动化，全天24小时不间断运行。它的研制成功，表明了我们中国人完全有能力研制出国际一流的、国产化的高新技术产品，也标志着我国航天人在卫星应用方面作出了突出贡献。

1993 年 10 月，风云二号卫星运抵北京，与 CDAS 进行整星星地联试，包括有线联试和无线联试，对星地所有信道进行对接试验和模拟飞行试验，以及对星地指标的测试，试验结果表明，星地工作协调，接口匹配，功能及性能指标均满足或优于任务书要求，CDAS 基本具备执行风云二号卫星发射试验及在轨测试任务的条件。

1994 年 4 月初，发生了风云二号卫星意外爆炸事件，推迟了风云二号卫星的发射和 CDAS 的使用。本着精益求精、一丝不苟、确保工程质量的精神，待命卫星升空执行任务期间，童铠又带领大家利用卫星进行了反复的模拟试运行，以便尽量把问题暴露和解决在正式执行任务之前。

应用系统先后经过 5 次对接联试，还进行了多次按监控台日程表自动运行的可靠性拷机试验，软件的不断磨合，硬件的可靠性增长，三点测距系统静态目标精度的提高等，都为执行卫星发射任务打下了良好的基础。

1997 年对 CDAS 而言是至关重要的一年：

新年伊始，风云二号卫星与 CDAS 进行第四次星地对接试验，进行了遥测、遥控对接，主要对遥控指令的可靠性进行试验和测试。结果表明，遥控指令单元误码率达到指标要求，为风云二号卫星上天后的遥控指令可靠控制卫星创造了条件。

3月中旬和下旬，国家卫星气象中心连续组织CDAS参加应用系统第五、第六次联试，及第二、第三次分别为56和60小时的可靠性拷机试验，为CDAS初步移交和执行风云二号卫星发射任务奠定基础。

4月28日，CDAS向国家卫星气象中心进行了初步移交；5月1日起CDAS交付用户管理，进行试运行；6月4日，503所成立CDAS试验队，进入CDAS主站执行风云二号卫星发射在轨试验任务。

6月10日，风云二号卫星发射成功，CDAS顺利地执行了在轨测试和调试试运行，捕获卫星后编码遥测立即提供了正确的、不间断的遥测数据，可靠性极高，误码为0，远优于设计要求。

6月17日，卫星顺利定点于东经105°赤道上空，S波段业务信道打通；6月21日，由CDAS控制卫星发回并处理出我国第一幅可见光云图，

1997年6月，童铠（前排左三）与国家卫星气象中心负责CDAS站任务的同事们在CDAS站

广播转发了展宽云图、低分辨云图和天气图，同时我国第一套数据收集平台接收系统开始工作，在外界强干扰下，收报成功率仍达国外同类设备水平，在无干扰条件下，收报成功率达100%且无误码，极好地满足了任务书及用户使用的要求。

6月23日我国第一套高精度三站测距系统开通；其后经扫描辐射计幅冷抛罩和加热去污，7月12日又获取我国第一幅红外云图和水汽云图，图像非常清晰，全站运行良好，C/DB可以100%地由模拟太阳跟踪方式引导至SSD数字跟踪方式，N值解模糊正确无误。

8月25日，卫星在轨测试通过了专家们的评审，确认CDAS与卫星匹配良好，系统功能和技术指标满足或超过任务书要求。

经过4个月的正常运转，CDAS顺利完成了“风云二号”的在轨测试任务。10月21日，国家卫星气象中心通过了对CDAS的验收。验收委员会一致认为，CDAS自动化程度高，对卫星控制功能正常，经过多次联试和拷机，软件已经得到充分磨合，功能完善，业务流程通畅，全部功能和技术指标均满足或优于研制任务书要求，双方进行了正式移交。

10月27日，在我国光学泰斗、“863计划”倡导者之一王大珩院士的主持下，国内一批享有盛名的光学、电子和卫星专家云集北京，参加风云二

1997年10月，童铠在CDAS站科技成果鉴定会上作技术报告

1997年10月，CDAS站科技成果鉴定会后，与会专家合影留念（前排左二起：张履谦、杨嘉墀、郭桂蓉、王大珩、陈芳允、屠善澄；后排：左四为闵桂荣、右五为戚发轫、右四为童铠）

1997年10月，童铠（左一）陪同院士和领导视察CDAS站时，向专家们汇报工作（左二起：郭桂蓉、王越、屠善澄、杨嘉墀、戚发轫、陈芳允、闵桂荣、张履谦等）

号气象卫星指令与数据接收站的部级鉴定仪式。

担任该站总设计师的童铠向与会者介绍了这座世界第四、亚洲第一的大型卫星地面站："这个地面站是风云二号卫星体系的重要组成部分，它担负着获取和转播多种云图气象数据以及对卫星进行控制管理的使命，是星地之间传输信息的枢纽。'风云二号'观天测地的神奇作用，就是通过它来实现的……作为国家卫星气象中心卫星应用体系的重要部分，它与数据处理中心、系统运行控制中心、设在北京的主测距站以及设在广州、乌鲁木齐的两个副站，和全国各地的数据收集平台、中型资料利用站等系统组成了我国气象卫星应用网络……"

作为CDAS的用户，国家卫星气象中心总指挥许建民先生评价说："CDAS已成功地完成了对卫星的在轨测试，其结果表明，CDAS全部功能正常，各项技术指标均超过气象局原定的技术指标，星地匹配良好，信道指标全部优于日本 GMS 卫星系统，全站高度自动化运行，并与卫星运控中心、数据处理中心匹配良好，运行协调正常。”

8 位两院院士和 7 位专家组成的鉴定委员会通过了 CDAS 的科技成果鉴定。评委们一致认为，CDAS 系统研制立足于国内，技术先进，系统复杂，研制难度很大，是一项复杂的高技术系统工程，其综合技术水平达到 90 年代同类产品先进水平。

鉴定会即将结束之际，82 岁高龄的王大珩院士站起身来要求发言。他非常激动地对大家说：“今天我特别高兴，所以再说几句。我们今天评审的这个高科技工程是我们国家自力更生、独立自主研究成功的，它取得了辉煌的成就，所以我感到非常自豪！”

老人家意犹未尽，又接着说：“‘十五’大又进一步提出搞社会主义市场经济，要掌握控制权。怎样来掌握？科学技术就是无形的控制权。但是，现在很多东西都是这引进那引进的，而其中高科技领域中的技术控制权究竟有多少真正被控制在我们国家的手里？这是值得深思、非常重要的问题。今天能来参加完全由我们中国人自己研制完成的卫星地面站的鉴定会，我感到非常高兴，自豪！”

11 月 29 日，在国家卫星气象中心举行了 CDAS 验收交付签字仪式。国防科工委副主任沈荣骏、王统业，中国航天工业总公司副总经理白拜尔，五院院长徐福祥、党委书记朱爱康等领导参加了仪式。五院院长徐福祥和国家卫星气象中心主任钮寅生，分别代表研制单位和用户在验收证书上签字。童铠在交付文件上签字，并和国家卫星气象中心总指挥许建民交换文本，相互握手致意，至此，CDAS 研制任务全面圆满完成。

俗话说：外行看热闹，内行看门道。CDAS 用户——国家卫星气象中心

1997年10月，在CDAS站验收仪式上，CDAS点设计师童铠（左）与卫星气象中心总指挥许建民（右）握手相庆

1997年10月，童铠在CDAS站验收交付文件上签字

1997年12月，风云二号气象卫星工程交付仪式（第二排左三为童铠）

风云二号卫星应用系统总指挥许建民、总设计师郭关生、副总设计师李希哲对CDAS及总设计师童铠的工作给出的评价，可谓实实在在的“门道”：

由童铠任总设计师研制成功的风云二号静止气象卫星指令与数据获取站，现已成功地完成对卫星的在轨测试。测试结果表明：CDAS全部功能正常，各项指标均超过气象局原定的技术指标……总体上与美、日、欧水平相当，而且是自动化程度更高的全球第四大站，其中图像获取、三点测距、数据收集均为国内首创。——许建民

童铠任工程总设计师，指导大批研究员、高工攻克了一项项技术难点。他在创造性的方案构思、制定技术途径和解决系统与分机具体技术问题上，都作出了重要贡献。如解决图像同步配准关键技术（美、日均严格技术保密）问题，首创了先存储后软件重采样方案，其功能与指标均超过了美、日原方案，达到了国际先进水平。——郭关生

童铠深入解决每一项关键技术问题，如三点测距数据处理、原始信息快捕、图像畸变、最佳容错、与日本的GMS卫星兼容、副站收发干扰等难点问题，使CDAS性能指标达到了十分完善的地步。他不仅学识渊博，立足于最新科技成就的前沿，而且在解决实际问题上功力很深。特别是在卫星通信电子技术领域，在完成大型电子工程项目中，其才干无愧为国内外一流水平。——李希哲

气象是没有国界的全球性整体资源，气象资源为全人类共享。风云二号静止轨道卫星的气象云图大到覆盖地球三分之一表面积，快到每25分钟或更短间隔提供一幅云图，从而可以观察到天气的快变化过程，使得台风、雷暴等灾害天气的预报工作快捷可靠。我国气象卫星系统和日本、欧洲、美国的同类气象卫星系统一起，可构成全球气象观测网络，有利于从全球的角度分析天气的变化规律，这无疑是对国际上的一大贡献。

CDAS 许多技术都是国内首次采用，首次采用对卫星进行三点长基线测距定位方式，达到国内最高的确定卫星轨道位置的精度；建立了国内第一套 S 波段大功率天线发射系统；在国内首次建立数据收集平台系统。

CDAS 操作高度自动化，全天 24 小时不间断运行。它的研制成功，表明了我们中国人完全有能力研制出国际一流的、国产化的高新技术产品，也标志着我国航天人除了在导弹、运载火箭等方面取得了出色的成就，在卫星应用方面也作出了突出的贡献。

CDAS 的三点测距定位系统和模拟遥测实时定姿系统，能够提供高精度的卫星位置和卫星像机指向的数据，用来在云图上加网格和地形轮廓线，以便精确测定高空风速。此外，它还通过卫星接收无人值守的气象、水文和地震等数据收集平台的定时测量数据，对我国气象预报与减灾防灾，以及国民经济和军事建设发挥着重大作用。

1998 年夏季主汛期，持续不断的大雨致使长

CDAS 处理的风云二号气象卫星云图

江流域发生了特大洪涝灾害。在那些抗洪抢险的日子里，CDAS 每日及时提供准确丰富的气象云图数据，为抗洪前线指挥部制定救灾战略和决策提供了大量可靠的依据。抗洪抢险总结表彰大会之后，江泽民总书记亲自打电话给中国气象局，表扬他们作出的贡献。

受到表扬的气象局领导们则认为，之所以能作出这样的贡献，首先应该感谢为 CDAS 呕心沥血的总设计师童铠。“风云二号”的成功发射和应用，使我国气象事业迈上了一个新台阶，中国气象局被世界气象组织接纳为成员，也进一步提高了我国的国际地位，让我国在全球气象领域拥有了话语权。

1997 年，风云二号静止气象卫星应用系统（包括 CDAS ）入选中国“十大”科技新闻；1998 年，“风云二号”指令与数据接收站（CDAS）获中国航天工业总公司科学技术进步奖一等奖，同步数据缓冲器（S/DB）分系统获国家科学技术进步奖二等奖，标校分系统获国家科学技术进步奖三等奖；1999 年，风云二号静止气象卫星指令与数据接收站 (CDAS) 获国家科学技术进步奖三等奖；以上奖项，童铠均为第一完成人。他还因“在完成 CDAS 工作中作出了突出贡献”而再次荣立航天五院一等功。

CDAS 是我国目前最复杂、功能最全的第一座大型静止气象卫星地面站，也是具有国际先进水平的同类型世界第四、亚洲第一大站，多项技术都是国内首创，并且达到甚至优于国际先进水平，服务目标不仅限于国内，而是惠及整个亚洲地区。

依据国家科学技术进步奖的评选条件，无论技术创新和先进程度、工程复杂程度、应用前景、社会效益，以及对提高行业总体水平的作用意义等诸多方面，CDAS 均完全符合一等奖的标准，结果却只获得了三等奖，这让众多知情者很不服气。

对此，国防科工委相关人员的解释是：“并非不够条件，而是国家设定的奖金有限，钱不够分的。”

虽说是国家级大奖，奖重而“金”少却是不争的事实，即使是一等奖也不过区区 9 万元，何况还不止是一两个人分。可大家在乎的绝不是这笔钱，而是这份应得的荣誉。这么多人呕心沥血地攻克了一个又一个技术难关，辛辛苦苦奋斗了整整 8 年，终于建成了这样一座超大规模和超高水平的地面站，却没能得到与之相匹配的荣誉，心里当然很不舒坦。

参加 CDAS 研制工作的部分人员想要给上级领导写报告，反映这种不公平的现象，却被童铠坚决地制止了。他以一贯沉稳平和的态度劝解大家：“咱们接手这个工程原本也不是为了拿奖，三等奖也表明了国家对我们的认可，何必非争一等奖呢，其实用户的满意，就是我们做工程的人得到的最高奖项！”

CDAS 研制任务覆盖了 503 所几乎全部的专业范围，8 年间，童铠带出了许多中青年科技骨干，其中不少人都成为国家级专家，全所整体科研水平及社会知名度也都得到了很大提高，为日后进一步发展奠定了良好基础。此外，地面站气象卫星应用方面的人才，大多也是他培养出来的，目前遍及全国。

CDAS 的成功，又一次集中反映了童铠在我国航天技术上取得的突出成就和作出的卓越贡献。为此，他付出的不仅是心血和才智，还有更为宝贵的健康。长期脑力与体力的透支，使得胃出血、高血压、冠心病、糖尿病都毫不留情地向他袭来。当年，为研制微波统一载波测控系统，他曾累得口吐鲜血；如今，为研制气象卫星指令与数据接收站，他又累得晕倒在班车上……

童铠

童铠院士传记

Academician Tong Kai's Biography

第十八章

填补空白 创建导航新课题

他与共事多年的老搭档陆文福一起，带领着一批立志填补我国卫星导航空白的青年才俊们艰苦奋斗，刻苦钻研，锲而不舍地顽强攻关，历时三年，终于破解了长伪随机码在强噪声条件下的快速捕获重大难题。

童铠思维开阔，思想超前，且有着很强的创新意识，始终密切关注着世界科技前沿的最新动向，与专业相关的就会跟踪下去一探究竟，以期能够不断地为社会、为航天事业作出新的贡献。

妻子王德润戏称他是个“只知道攻城而不会守城的将军”，攻坚克难，绞尽脑汁，再艰巨的任务，只要完成了就彻底放下，关注的目光很快就会投射到新的焦点上。他很善于学习新的东西，不仅急用先学，而且学到即用，不光自己用，还与同事们一起分享，绝不藏着掖着。在他看来，知识与智慧若潜留在心底，不在实际工作中发挥作用，便是一种智力资源的浪费。

早在1984年春天，还在福建闽西卫星测控站待命执行首颗东方红二号第一颗地球同步轨道通信卫星发射任务期间，童铠与几位老同事谈起该任务完成后的科研方向时，就道出了自己心中酝酿已久的一个大胆想法：“我国已经拥有了除导航卫星之外所有门类的应用卫星，接下来我们就来搞卫星导航系统研究吧，争取填补国内这项空白！”

世界上最早的卫星导航系统是美国海军1958年12月开始研制的NNSS，又称子午仪系统。1969年1月，我国根据当时海军的需要，也曾制定过一项类似子午仪系统的计划，代号“691”工程计划，亦称“灯塔一号”，经过研制人员近十年的努力，已经完成了样星的模装和试验，可惜因为种种原因，该计划夭折了。

导航定位卫星不仅对国防建设有着重要的意义，对军事实力可以起倍增器的作用，在国民生活中也有着广泛的应用，已成为经济发展不可或缺的信息基础设施，还是大国地位和综合实力的重要标志。世界各主要大国和地区都不惜斥重资发展全球卫星导航系统，美国有 GPS，俄罗斯有格洛纳斯，欧盟即将组建自己独立的伽利略系统，日本和印度也在跃跃欲试，我国当然不应等闲视之。

童铠认为我国是一个大国，应该有自己独立的、先进的卫星导航系统。特别是我国是社会主义国家，从国防安全上考虑，军队不能依赖国外的导航系统。受国力与技术水平的限制，研制类似 GPS 体制的卫星导航定位系统尚不现实，但可以利用已有的和正在发展的地球同步通信卫星公用平台，先发展双星定位的简易导航系统。这样投资少、见效快，技术也相对简单，待条件具备时，还可以再拓展为全球性导航系统。

双星导航定位概念最早是几位美国科学家于 1982 年提出来的。1983 年，国防科工委科技委委员、中科院院士陈芳允也提出了双星定位的设想，即利用两颗地球静止轨道卫星，实现一个区域的导航定位。这个设想的原理是成立的，但尚有一些根本性的技术问题有待解决。

童铠不愧为科技帅才，既敢想又肯干。1985 年 4 月，他与陆文福、唐建民、叶俊峰一起，提交了开展《开发 GPS，Geostar 用户设备以及我国卫星导航定位系统和保密数据通信体制及其发展途径的论证》预研课题的正式申请。

他们在课题论证中写道：“一个卫星导航系统从研究到投入使用，一般要

任务号：
编　号：

预研课题方案论证报告

课题名称　开发GPS、Geostar用户设备以及我国卫星导航系统和保密数据通信体制及其发展途径的论证

课题负责人　童铠

审　　核　谢闻

七机部　院(局、基地)　所(厂、部、站

一九八五年四月　日

1985年10月，童铠（前排左三）在国防科工委专业会议上作报告后和与会代表合影

用 10~15 年或更长时间，如果从现在开始研究，到 2000 年我国可望有自己的卫星导航系统。哪怕是精度稍差一些和功能稍少一些的简化系统，也将会有非常重要的意义……我国导航卫星的发展要适合我国国情，美国正在研究的 Geostar 导航和数字通信的指标也有很好的参考价值……”

航天工业部科技司组织专家对该课题的开题报告进行评审后予以批准。这是航天工业部第一个自主的卫星导航预研课题。

由于对我国卫星导航定位系统的设想与陈芳允院士的想法相近，陈院士曾几次专门来与课题组进行交流。1985 年 10 月，在陈院士主持的第二届频率测量专业组会议上，童铠作了《卫星导航定位系统的国内应用前景》与《GPS 原理和概况》的报告，引起与会代表们浓厚的兴趣和热烈的欢迎，激发了大家希望国家及早建立自主卫星导航系统的热情。

经过一番认真的讨论，“由‘450’工程办公室抓总着手探讨研制我国独立自主的卫星导航地面系统”的建议写进了《会议纪要》。

一个月后，总参测绘局、国防科工委作战测试部、洛阳测通所和“450”工程办公室导航课题组召开四方会议，研究开发利用我国的通信卫星资源、建立“快速定位通信系统”的问题。会上，童铠又作了《关于利用我国的通信卫星资源建立快速定位通信系统的方案设想》的报告，并与陈芳允院士商定，论证利用 450 试验站的已有设备以及必要的补充设备、建立供试验用的快速定位通信系统的方案。总参测绘局则作为任务提出和使用单位，提出了一些技术要求和就这一系统设想的定位精度分析。

这次会议初步论证了建立双星快速定位通信系统的必要性和可行性。此后，“双星导航”预研课题组开始以《研制工作简报》的方式，及时向航天工业部机关发送预研情况报告，从而使预研工作得到部院领导的大力支持。

1986 年 3 月，总参测绘局函请国防科工委安排双星定位系统的研究工作。几个月后，航天工业部和五院都以“七五”重点科研项目下达，指定新成立的 503 所负责双星定位系统的方案论证工作。这是五院有史以来第一次由专业所负责一个系统的总体方案论证工作。就这样，在陈芳允双星定位系统理论的基础上，童铠率团队启动了方案论证的工作。

主持双星导航星地大系统总体方案论证之初，他就认定：科技工作贵在创新，创新是发展的灵魂，我国的卫星导航起步虽然晚，但设计理念必须超前，绝不能跟在别人后面亦步亦趋，而要致力于探索符合国情的发展途径；导航星座和信号结构的选择，关系到导航卫星系统的生存与长远发展，卫星可以不断更新换代，但星座和信号结构却不能随意更换，因此，一定要慎之又慎。

童铠率领 503 所的部分研究人员集智攻关，与总参测绘局等部门协同作战，前瞻性地进行筹划，经过反复研究探讨，终于顺利完成了双星导航定位系统的方案论证工作。由他主持设计的这个方案，是一个由两颗地球静止轨道卫星、一颗在轨备份卫星、中央控制系统、标校系统和各类用户机等部分组成的简易导航定位系统。

在国家当时的经济条件下，利用该系统建立覆盖我国及周边地区的区域卫星导航定位系统，是一个既经济又能尽快满足国防建设和国民经济需要的技术途径，解决了在资金有限的条件下构建宏大系统的难题。

空白不是轻易就能填补的，如果把从确定理论概念到完成工程实践比喻成一次万里长征的话，推出设计方案只是研制征途上迈出的第一步，接下来要做的事情，要攻克难以数计的难关，如若没有跋山涉水、越激流闯险滩的坚定信念，良好的愿望便只能流为空谈。

童铠的信念弥足坚定，因为他考量的不是个人得失，而是从国家利益和社会需要角度出发，站得高、看得准、想得远。爱国家、爱人民不是流淌在唇齿间的鼓噪，而是大处着眼、小处着手，实实在在的作为与贡献。

这期间，美国 GEOSTAR 公司曾提出，希望与我国合作，在中国境内建 Geostar 的一个分站，将来再由美、中、法三个分站组成一个全球导航系统。如能建立合作关系，无疑是桩大好事，双星导航定位系统与 Geostar 系统都属于同一类型的导航通信系统，若能在我国建 Geostar 分站，就等于把先进技术送上门来。

在鲍克明副部长的指示下，外事部门以讲学名义邀请 GEOSTAR 公司副总裁斯蒂芬·切斯顿、欧洲开发局局长彼得·沃特与工程师保罗·洛克一行三人前来北京，就合作问题与五院进行会谈，导航课题组参加会谈，五院副院长戚发轫与童铠为主谈。

随后，童铠参加航天工业部访问团赴美就双星定位系统对 GEOSTAR 公司进行技术考察，双星定位系统的关键性技术“用户入站突发伪码信号快速捕获”是考察的重点内容。然而，美方对此类核心技术严密封锁，若想咨询必须先交出一笔令人瞠目的高昂咨询费，双方最终未能签订实质性合作协议。

未能签订合作协议还有一个重要原因，就是还没有找到一个肯出资投入建设的单位，调研时许多单位都认可 Geostar 系统很好，也很符合需要，可一谈到出资或经营就“卡壳”了。当务之急是找一家既有经济实力，应用

1987年11月，航天工业部赴美访问团对 GEOSTAR 公司进行技术考察时，在航天飞机模型前合影（左二为童铠、左四为戚发轫）

1987年11月，在GEOSTAR公司考察时，与美方进行会谈（右一为童铠、右二为戚发轫）

Geostar系统又确实能带来显著效益的部门或单位。

首选目标是铁道部系统，503所先后多次与铁道科学院、通信公司研究设计处、电子计算技术中心、科研局、运输局和电务局进行磋商，结论非常乐观:Geostar系统可以用作铁路车辆追踪系统，该系统和地面计算机系统相结合，可构成先进的铁路运营管理现代化系统；应用Geostar系统可以构成新的“铁道移动闭塞系统”。铁道通信信号专业的专家们也都认可Geostar系统的可行性和先进性，认为它可以作为铁道部的第二通信系统和构成铁道全国运营管理现代系统。

航天工业部对此事很重视，李绪鄂部长听取了闵桂荣院长和童铠的汇报后，不仅做出指示，还与铁道部的丁关根部长进行了高层接触。很快，503所与铁道部通号公司签订了一份关于联合论证卫星定位通信系统在铁道应用方面的技术合作书，并成立了由童铠和通号公司总经理余晓芒共同任组长的联合论证小组。

经过5个月的周密工作，联合论证基本结束。根据我国铁路状态和东方红二号甲卫星状态，论证小组制定了《一个中小容量的卫星定位通信系统初步方案》，设计的卫星通信和列车定位系统在3秒钟之内，可以对900列列车进行巡检和控制。若用“东方红三号”平台，可以使用户数量增加到10万个以上，不仅满足了铁路部门的需要，还可以同时满足军事、公路交通、民航、测绘、石油、矿产、林业等部门用户的使用要求，而全部投资还不及修一条1000千米铁路的费用。

尽管论证工作完成得很好，铁路部门也的确是卫星导航定位系统潜在的大用户，却不大可能成为最早的用户——毕竟双星系统是一种全新的技术，而铁路系统出于行车安全方面的考虑，必须使用世界上最成熟的技术，对采用先进技术只能慎之又慎，唯恐造成负面影响。

铁路难以成为最早的用户，还是得寄希望于军事单位，我国卫星应用事业大多都是从军事部门开始的。双星导航系统从提出设想到立项成功，总参测绘局一直都是503所真诚的合作伙伴之一，渊源要从该局的局长卜庆君说起。

卜庆君曾应邀前往美国，出席在华盛顿举办的“GPS全球定位系统国际运用研讨会”。会上，美国军方人士的一席话引起了他的警惕：“GPS编码分为军用和民用两种，在特殊情况下，为了保证国家安全，军方会采取三种措施应对紧急状况：第一，降低对方的导航精度；第二，随时变换编码；第三，进行区域性管理。”

身为军人，国防安全这根弦自然绷得很紧，得知GPS是由美国国防部组织研发的，通过以上三种方式，美国军方随时可以限制国内外用户对GPS的使用，卜庆君内心感到深深的不安：我们的军队和许多要害行业与部门都是

1993年9月，中国代表团对美国移动通信最新发展进行技术考察（前排左三为童铠）

GPS 的用户，国际关系复杂多变，一旦发生战事，关键时刻美国关闭 GPS 或做些手脚，且不说我们的战略武器怎么办，仅电力部门、银行系统、交通体系无法正常运行，就会令整个社会陷于瘫痪……

决不能受制于人，回国后，他很快就理清思绪，撰写了一份报告提交给上级领导，其中特别强调："对于 GPS 的发展和应用要跟踪研究，与此同时，一定要发展中国自己的卫星导航系统。"

不久，卜庆君又受邀参加了国内的一个学术研讨会，会上，陈芳允作了以"双星导航"为主题的演讲。他听了之后非常激动，会后专程登门拜访陈先生，详细了解了相关情况后，又提交了一份报告，请求国家启动双星导航定位系统的研究。

国家主管部门召开了一个可行性论证会，交通部、铁道部、电信局、林业局等部门都参加了。与会者进行了热烈甚至是激烈的辩论，对发展我国自己的导航定位系统，支持的人少，反对的人多。反对者提出了三点质疑：第一，既然已经有了 GPS，并且承诺向全球提供服务，为什么我们还要自己单搞双星导航定位系统？第二，我们的技术水平能否达到这样的高精准度？第三，我们有没有这个经济实力？

这些质疑并非没有道理。美国 GPS 系统自 1973 年开始研发，已经耗费了上百亿美元，而此时的中国，走出“文革”尚不足十年，国民经济仍未完全摆脱困顿，财力物力都很匮乏。尽管如此，经过一番争辩，大家从国家战略和特殊时期国家安全的角度，认识到自主研发导航系统的重要性，以及卫星测量手段对国防建设、科研建设的重要意义，最终还是达成了基本共识。

卜庆君所在的总参测绘局顺理成章地成为了双星导航定位系统的第一用户。在协助该局申请国家立项的过程中，童铠发挥了很大的作用——先后三次在总参立项会议上分别作了系统方案可行性论证报告、专题报告和补充报告，还在理论上和实践中完成了大量开创性的工作。

为了让更多的同行关注“双星导航”，他与陆文福合作，先后撰写了题为《卫星导航定位系统的发展概况及其应用前景》和《RDSS 在迅速发展中》的文章，分别发表在《宇航计测技术》与《空间技术应用》刊物上。

同时，童铠还积极为研制“双星导航”培养和储备技术力量，在他招收的十几名研究生中，大多数所选课题都是结合“双星导航”的实际需要而设立的：其中叶飞的研究课题是《伪随机码调制的入站突发信号的快速捕获》，周宁的研究课题是《(2.1.m)卷积码及其维特比译码在双星定位系统中的应用》，郭建宁的研究课题是《双星定位系统中心站数据流图和定位算法》，卢仲石的研究课题是《双星定位系统信道容量的分析》，肖韧的研究课题是《(2.1.7)卷积码维特比硬件译码器》，蔡强的研究课题是《双星定位全数字化用户接收机的研究》，成秀珍的研究课题是《双星定位系统全数字化用户接收机及其跟踪环路设计》，张萍的研究课题是《双星定位系统全数字化用户接收机 PN 码的快速捕获》……

"双星导航"预研课题组除了组长陆文福是老同志外，其余都是这些各具不同特点的新生力量，技术力量之强在所里堪称首屈一指。国家资金不富裕，预研只能得到十分有限的经费，必须先解决关键技术，有了相当的成功把握，见到曙光之后，才有可能争取到上级的支持。

双星导航定位系统最关键的技术是信号传输技术，其信号分为两种：一种是由用户发往中心站的入站信号，其快速捕获问题复杂而困难；另一种是中心站播发到卫星波束覆盖区的出站信号，用户开机后即可进行捕获，并一直保持跟踪，不存在快捕问题。也就是说能否突破"用户入站突发伪码信号快速捕获系统"，既是双星导航定位全系统扩频码信号传输体制的成败关键，也是该工程获准立项的前提。

童铠与共事多年的老搭档陆文福及二院声表面波公司的冯石男一起，带领着一批立志填补我国卫星导航空白的青年才俊们艰苦奋斗，刻苦钻研，锲而不舍地顽强攻关，提出总体方案设计构思和深入的理论分析后，又经过两个阶段，完成了设备的攻关试验。

在第二阶段的攻关过程中出现了新的难题，声表面波器件横向滤波器总无法在强噪声中获取相关峰。大家既焦急，又束手无策，包括研制单位在内的所有参试者都认定，声表面波器件只能达到现有水平，不可能再有突破。

童铠却不甘心，亲自在示波器和电路板前反复调试、核算，一连熬了好几个通宵，居然真的把这只困扰了众人多日的“拦路虎”降服了。他这种矢志不移的精神品质、卓越超群的科研能力，以及做人做学问的至臻境界，不仅征服了麾下一干精兵强将，还让在场的声表面波器件专家冯石男佩服得五体投地。

试验得以顺利完成，结果表明，在信息传输体制上有了较大的突破，解决了快速捕获入站信号和入站信号低碰撞概率的要求，试验采用入站信号长伪码随机体制，快捕锁定时间为 0.4 毫秒，可以容纳几十万用户工作，入站信号的碰撞概率比国内同样系统的结果低 2 ~ 3 个数量级。

经过大家两年多艰苦不懈的努力，终于破解了长伪随机码在强噪声条件下的快速捕获重大难题。此后，为克服声表面波卷积器或声表面波（匹配）滤波器器件制作长度受工艺限制的问题，童铠又制定出用声表面波卷积器或声表面波（匹配）滤波器与多级中频延迟线组合为中频积累器，并亲自进行试验指导和相应的结果分析。与此同时，他还提出“维特比译码器”硬件设备攻关，由所带研究生肖韧具体承担。

童铠

童铠院士传记

Academician Tong Kai's Biography

第十九章

凝心聚力 北斗一号耀神州

通常总师都是抓大放小，他却是个特例，不但大的要抓好，小的也放不下，哪里有困难都不会等闲视之，把自己搞得很累，却还乐此不疲——没有发自内心的责任感、使命感，绝不可能做到这一点。

20 世纪的最后一个十年有着不错的开端，功夫不负有心人，课题组在关键技术攻关中取得了一批研究成果："双星快速定位系统用户入站突发伪码信号快速捕获系统"通过了专家评审，在读研究生肖韧研制出（2.1.6）卷积码维特比硬件译码器并进行了硬件集成工作，随后入站信号快捕系统又研制出用匹配滤波器的实时相关接收机。

以陈芳允院士为主任的鉴定委员会的专家们一致认为：用户入站突发伪码信号快速捕获系统是双星快速定位通信系统中一项关键设备，该关键技术的突破，为我国双星快速定位通信系统确定系统信号传输体制奠定了基础，对双星定位系统的自主研制具有重要意义。该试验系统设计先进，属国内首创，其主要性能指标达到国际领先水平。维特比硬件译码器设计先进、体积小，在 1/2 编码率 7 位约束长度软判决的硬件译码器中处于国内先进水平。

1991 年 5 月，五年前曾经提出要与我国合作建 Geostar 分站的 GEOSTAR 公司宣布破产，美国最终没有能建立起双星导航定位系统。此时，对我国是否该发展双星导航定位系统的争议又重新被提起。

童铠坚持认为，我国必须拥有自己的卫星导航定位系统：一则，尽管

1990年，童铠在双星定位系统关键技术鉴定会上作报告

GPS已经进入寻常百姓家，但美国国防部斥巨资研制它的真正目的还是在于军事方面，飞机、大炮、导弹、潜艇以及通信侦察无一能离得开它，一旦战争爆发，无论电子战、信息战，还是远程作战，重要武器都离不开卫星导航系统的精确制导，届时我们绝对不可能指望靠GPS来夺取胜利；二则，从经济上看，卫星导航是个巨大的市场，不能任凭GPS独霸全球份额形成垄断，我们应该也必须去争取自己的“发言权”。因此，敢于担当的他果断地明确表态:“双星快速定位通信系统没有问题，研究工作继续进行！”

在他的坚持下，双星导航定位系统的预研工作继续沿着正确的方向努力前进。他指导研究生和课题组完成了一系列关键课题，使预研工作不断取得进展，这对上级领导的决策起到了很好的推动作用。

1992年，(2.1.6)卷积码维特比硬件译码器与双星快速定位系统用户入站突发伪码信号快速捕获系统，双双获得航空航天工业部科技进步奖二等奖。前者是童铠的研究生肖韧研制成功的，后者的第一获奖人为童铠。因在双星定位立项和阶段攻关中成绩显著，他连续两年被评为院先进工作者和先进个人。

在由总参测绘局召开的双星定位系统专题论证会议上，童铠又提出在攻关试验的基础上建立双星定位地面示范系统的意见，得到了总参测绘局的支持。国防科工委将该任务下达给 503 所。由于双星定位系统地面部分的研制工作还未正式启动，没有经费来源，只好采取变通的办法，把该示范系统作为星上项目，称为“星地测试系统”。

星地测试系统是双星定位系统的一个缩尺模型，小而全，全而真，还增加了电磁兼容和多径效应研究等设计。该系统包括两颗模拟卫星，一个中心站和用户机。两颗模拟卫星分别置放在 503 所监测站海拔 160 米的微波铁塔和戒台寺海拔 580 米的天线标校塔上，间距为 5000 米，可在方圆 30 平方千米范围内进行快速定位。

该系统除 29 个主要课题外，还有结构、大地测量、移动通信数字地图等课题，参加研制的有二院长峰公司、西北工业大学、哈尔滨工业大学、南京航空航天大学、二院 25 所、五院 503 所和 504 所、十院 54 所、计量院等十余家单位。

方案论证和方案设计相继通过了院级评审，在各单位的大力协同下，1994 年 8 月 11 日开始进行全系统联试。联试中发现许多设备存在质量问题，不得不退回进行返修，一年之后，联试才得以重新开始。

经过参试各方的共同努力，星地测试系统于 1995 年 12 月 27 日顺利通过了部级鉴定和五院机关与总参测绘局的联合验收，这标志着双星定位系统预研阶段圆满结束。通过研制星地测试系统，503 所利用 FPGA 、SMT 技术将用户机做成便携式，体积和重量相当于一本 16 开的书，为用户机的小型化打下了基础。

从理论推演到专项试验，从方案可行性论证到预研，从前期准备到关键技术攻关，童铠率相关团队经过了近十年的努力开拓，所有的前期论证和预

童铠被任命为“北斗一号”地面应用系统总设计师

研工作基本完成，专家团撰写了立项申请。

1994 年 1 月 4 日，江泽民主席亲自批准双星导航定位系统工程立项。该系统被命名为“北斗一号”卫星导航定位系统，国防科工委任命孙家栋为系统总设计师，范本尧为卫星总设计师，童铠为系统应用总设计师。

新创建的卫星导航定位应用系统由中心控制系统、标校系统和各类用户机等部分组成，担负着定位、通信和授时信息的生成、收发，卫星有效载荷的应用与管理，以及系统工作状态检测等任务。

该系统涉及多个学科、多种技术，不仅顶层设计上存在很多困难，而且研制周期长，协作难度高，担当风险大，供需矛盾多。总设计师要负责全面的技术指导，领导完成总体技术方案设计和制定正确合理的研制途径，指导解决关键技术难题，对重大技术问题决策进行把关。

面对前所未有的挑战和可以预见的重重困难，童铠完全有理由急流勇退：一则北斗工程研制的总体单位既不是 503 所，也不是五院，而是总参测绘局；二则 CDAS 工程还在紧张地进行中，分身乏术是现成而且充分的理由；三则资深专家一般到了 60 岁就可以脱离一线工作，不再担当总师，而此时他已经 63 岁了。

然而在他心目中，国家的需要、工作的需要永远是第一位的，从来不会从个人角度出发去考虑取舍，义无反顾地接受了任命。他两副重担一肩挑，压力之大超乎想象。为此，上级领导特意劝诫他："具体事情上不必那么较真，让年轻人去搞，你在大的方面把把关，指点指点就好了。"

通常总师都是抓大放小，童铠却是个特例。他不但大的要抓好，小的也放不下，哪里有困难都不会等闲视之，把自己搞得很累，却还乐此不疲——没有发自内心强烈的责任感、使命感，绝不可能做到这一点。

面对国外技术封锁、国内工业基础相对落后的双重限制，要达到世界先进水平难度相当大。然而，志坚者智达，童铠坚定的决心从未动摇过，他率领着善于打硬仗的军方研制团队攻坚克难，奋力前行。

他与测绘局的副总设计师密切合作，完成了指标先进、切实可行的总体技术方案设计，制定了正确合理的研制途径，并深入实际指导技术骨干解决了一个又一个难题。他还担任主编，与多位副主编共同完成了《"942"工程技术手册地面应用系统分册》的编写工作。

一项大的系统工程，从科研到开发再到使用，无不是大力协同的结果。多年重大工程的实践经验造就了童铠既敢于负责、善于协调，又具备很好的全局观念的特点，他精心组织各单位、各部门形成

1996年11月，童铠（右）在“北斗一号”地面应用系统处理分系统评审会上

合力，并肩作战，集智攻关，使各项工作都开展得有力、有序、有效。

针对技术协作单位多、分系统信息关系复杂的特点，童铠预先强调指出，分系统之间接口关系必须明确、合理、软件流程通畅，而且要便于检测、判断和解决联试中出现的问题，避免出现互相之间推诿扯皮的现象。

北斗卫星导航总站的李树洲部长曾多次真诚地说：“童总在学术上的带头、技术上的指导和重大问题决策的把关，对我们太重要了，有他给我们掌稳舵，不会偏离方向，使我们敢于放心大胆去做，没有后顾之忧。”

童铠既是技术领导者，在大系统的概念上非常清楚，紧紧把握着工程的全局，又是工程战斗员，在具体的技术细节上毫不含糊，能够准确无误地指出工程技术问题的错误所在，经常深入分机解决重点技术难题，必要时甚至亲自动手编程验算。

破解问题完成任务是他最大的心愿，不管在什么情况下，全力以赴刻苦钻研的精神和热情丝毫不减。面对研制过程中出现的各种问题，他非常擅于从正面、反面多角度进行综合分析及创造性实践。在别人看来似乎已经山穷水尽无法推进时，他却总能发现突破口，使之变得柳暗花明。这不仅源于深厚的理论研究基础及大量的工程实践经验，还得益于他在多年研制工作中不断形成的辩证思维方式。

503 所和长峰声表面波公司合作研制的实时相关接收机是双星导航定位系统又一项关键设备，作用是实时捕获用户发往中心站的入站信号，使中心站可以同时接收和处理到达的信号，输出的同时还可以作为定位基准。当年童铠他们曾与美国 GEOSTAR 公司商谈购买这一技术，被告知这是一个专利技术，价格为百万美元。

实时相关接收机研制难度极大，科研人员在童铠的指导下，经过三个阶段的攻关，历时七年终于研制成功，并顺利通过了技术鉴定，总投资仅 50 万元人民币，技术指标远远超过了美国当年的水平。

以陈芳允院士为首的鉴定委员会的专家们一致认为：实时相关接收机在国内外首创利用 256 位表面波器件，实现了 1023 位非重复式伪码中频相关积累技术和视频积累技术，中频和视频处理增益达到 36dB，并为进一步提高总处理增益提供了有效途径。该项技术处于国际领先水平，为保证实现我国双星导航定位系统工程成功作出了重要贡献。

以童铠为第一完成人的双星导航实时相关接收机，于 1995 年获中国航

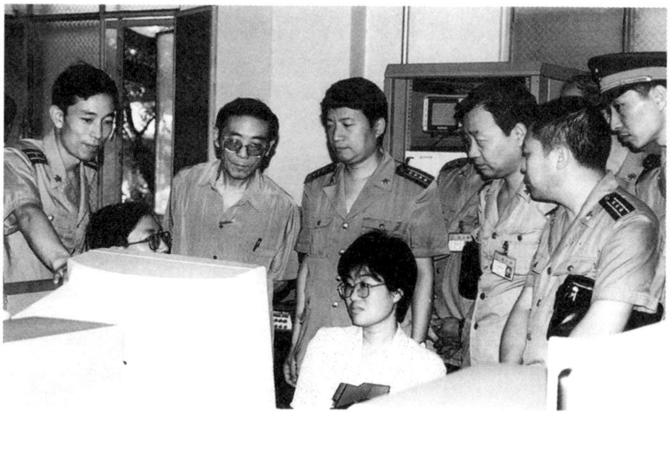

1999年8月，童铠（站立者左二）参加“北斗一号”正样卫星与地面应用系统的对接试验

天工业总公司科技进步奖二等奖。

1999年5月20日至8月10日，历时近3个月，在石家庄进行了“北斗一号”初样的星地对接试验，童铠又指导解决了一系列关键技术难题，使设备联试初步实现了系统集成，达到了预期目标，为卫星导航系统最后成功起到了非常重要的促进作用。随后，“北斗一号”正样的星地对接试验顺利完成。

2000年10月31日和12月21日，相继成功发射的两颗北斗一号导航卫星，由此宣告我国打破了美、俄在此领域的垄断地位，建立了具有完全自主知识产权的第一代卫星导航定位系统——北斗导航系统。这是继美国、俄罗斯之后，世界上第三个实用星基导航定位系统，以及唯一的区域型卫星导航定位系统。

希望至迟在2000年，我国能有自己的卫星导航系统，曾经是童铠一个颇为大胆的梦想。自此，他率领着一大批有识之士，经过艰苦卓绝的不懈努力，历时16年，终于用心血与汗水将美梦打造成真。

北斗导航系统是国家重大空间基础设施，也是我国航天史上规模最大、构成最复杂、技术要求最高、应用领域最广泛的天基系统。它的建立不仅使GPS在我国导航市场上有了竞争的对手，也为国内用户需求提供了新的选择，更为维护国家和个人的信息安全及军队作战数字化创造了条件。

作为总设计师，童铠率众圆满完成了技术全新的“北斗一号”卫星导航地面应用系统的研制任务。正如他15年前在预研课题论证中所预期的那样：“……如果从现在开始研究，到2000年我国可望有自己的导航系统。”

童铠不仅是我国卫星导航系统的奠基者和开拓者之一，也是我国自主研制的“北斗一号”导航应用系统工程建设的主要完成者和学术带头人。从1984年开始致力于我国双星导航定位系统的前期研究，到2000年终于完成了具有自主知识产权、全新技术的“北斗一号”导航应用系统的建设，他用去了整整16年。

在时间的长河中，16年不过是弹指一挥间，在个人的一生中，却是一段相当长的历程，正是由于站在促进社会发展和维护国家安全的高度来对待工作，使自己的理想信念与社会需要相结合，他才能做到这样自觉自愿地执著坚守，全力奉献，在为国家、为民族作出巨大贡献的同时，也让个人价值得到了最大限度的发挥和体现。

2003年，“北斗一号”第三颗导航定位卫星，在西昌卫星发射中心被“长征三号甲”顺利送入太空。这是一颗备份星，与前两颗工作星组成了完整的卫星导航定位系统。实际上，前两颗导航定位卫星和先进的地面中心站，以及众多用户机经过半年多的试运行，已经达到了任务书的要求，2001年6月11日就完成了使用交付仪式，第三颗星只是增强了系统的空间部分，从而使整个导航工作区域扩大，用户容量增加，并且进一步提高了系统的可靠性，确保全天候、全天时提供准确的卫星导航信息。

童铠获得国家科学技术进步奖
一等奖的证书

“北斗一号”卫星导航定位系统填补了我国自主卫星导航的空白，是一个成功的、实用的、投资很少的起步型导航系统，能实现一定区域内的导航定位、通信等多用途，可满足我国陆、海、空运输导航定位的需求。其地面应用系统于2004年获国家科学技术进步奖一等奖，童铠为第四完成人。

自2003年12月开始，北斗导航系统正式向国内用户提供服务，虽然应用还不如GPS完善，却让一直依赖于GPS授时和导航的用户多了一种选择，长远地看，无论是从国家战略层面，还是在经济利益层面，都具有非常重要的意义。

与GPS不同，“北斗一号”是用地球同步静止轨道卫星导航，大大加强了局部地区在轨导航能力，既经济又快速准确。此外，最多可达120字的双向简短数字报文通信服务，也是北斗导航系统的“独门绝技”。别看只是区区120个字，用户之间及用户与中心之间互相联系的短信功能，关键时刻也有着不可小觑的作用呢。

据中国卫星导航应用管理中心负责人介绍，在2008年汶川地震的救灾工作中，“北斗一号”卫星导航定位系统发挥了非常重要的作用。救援部队就是依靠短信功能实现了各点位之间、点位与北京之间的直线联络，在灾区通信设施严重受损、信息传送不畅的情况下，及时准确地将最新灾情及救援情况发回，使指挥部可以精确判断各路救灾部队的位置，并根据灾情及时调整和下达新的救援任务。

童铠

童铠院士传记

Academician Tong Kai's Biography

第二十章

呕心沥血
二代导航奠基础

精心进行方案研究和星座设计后，他优选出一种既可满足我国及周边大区域导航要求，又可扩展为全球星座的卫星轨道方案，为我国全球导航系统分步发展开辟了一条可行的技术途径。

一干就是 16 年，圆满完成“北斗一号”任务后，童铠并没有就此停下在卫星导航领域开拓创新的脚步。

“尽管‘北斗一号’卫星导航定位系统开通后运行良好，满足了国内的急需，但只是中国卫星导航事业的起步成果，而非终极目标。作为一个发展中的大国，为了满足今后国际航空、航海，以及航天器在全球范围内导航定位的需要，为了开辟具有知识产权的国产卫星导航产品的国际市场，我们还需要发展第二代卫星导航系统，其体制应是可以扩展为全球系统的区域系统，今后可根据国力和实际需要，随着后续卫星的发射，平稳地发展为全球系统”——这一点他不仅心中有数，而且一直在等待合适的时机推进它的启动。

长期脑力与体力的透支，工作紧张再加上睡眠不足，严重侵害了他的健康。尽管日渐体弱多病，他却全然不知怜惜自己，依然把全部心思与精力投入在祖国的航天事业中。

童铠负责的 CDAS 研制任务已经圆满完成，正式向中国气象局进行了交付，按说可以让自己松口气歇息歇息了，他却又开始致力于我国新一代卫星导航定位系统的研究，启动了第二代卫星导航定位系统发展途径与可行性的论证工作。

在很长一段时间里，支持我国自主研制第二代卫星导航定位系统的人并不多，一些人认为根本不可能搞得出来，一些人觉得与俄罗斯合作才是可行之途——正值俄罗斯寻求经费支持，希望与中国合作维持和发展格洛纳斯系统，同意频率资源共享，甚至还有人说："老童那么傻，非要自己搞，还不得累死。"

没有足够的技术力量支撑，童铠一度几乎是单枪匹马的"光杆司令"。可是他完全不为所动，坚守着内心的志向，绞尽脑汁地研究方案，开展论证，相继完成了《关于发展我国新一代卫星导航系统的方案设想》技术报告、《北斗导航试验卫星与新一代导航定位系统的关系》论证报告，并为争取国家工程立项做各种必要的准备，这一干又是7年之久。

新一代卫星导航定位系统是一项多学科交叉融合、应用极为广泛、体现基础与应用综合研究水平的高新技术。如何实现卫星导航系统时间更长、范围更广、精度更高、使用更方便等多方面的要求，取决于不同技术途径的可行性分析，主要关键技术的研究与突破，以及整个系统效能的分析与评估。

童铠一再强调，新一代卫星导航定位系统的总体方案工作一定要慎之又慎，必须确保做到可持续发展。从前瞻性考虑，他建议以建立全球导航系统为长远目标，可以按技术经济条件分两步实施，采取先区域后全球的方针。

精心进行方案研究和星座设计后，他优选出一种既可满足我国及周边大区域导航要求，又可扩展为全球星座的卫星轨道方案，为我国全球导航系统分步发展开辟了一条可行的技术途径，既能够解决在国力有限的条件下全球卫星导航系统起步难的问题，又可以确保日后根据国力和实际需要发射后续卫星，以最小的代价平稳过渡到全球系统。

新一代卫星导航定位系统被命名为“北斗二号”，“北斗一号”卫星导航定位系统只是一只小小的麻雀，“北斗二号”卫星导航定位系统才是盘踞太空的雄鹰。

“北斗二号”不是“北斗一号”的简单延伸，虽然技术上有继承性，但在体制上有着质的差别。其不再依靠中心站电子高程图处理或由用户提供高程信息，而直接接受卫星单程测距信号自己定位，不仅系统的用户容量不再受限制，还可提高用户位置的隐蔽性。

除了提供海、陆、空全方位的全球导航定位服务外，“北斗二号”卫星导航定位系统还具有通信功能与轨道测定手段，可以满足导航定位信息交换和武器制导需要，不仅导航方式、覆盖范围及定位精度丝毫无逊于GPS，而且具备其无法比拟的独特优势。

在为我国新一代卫星导航定位系统进行方案研究和预研攻关的同时，童铠还为实现国家工程立项作出了卓越的贡献。

为了吸纳全国卫星导航定位方面专家学者的意见，促进研究工作的进展，他倡导并参与策划了由中国工程院、总参测绘局和中国空间技术研究院联合召开的“我国新一代卫星导航定位系统的发展”研讨会，还在会上发表了与战勇杰合作的论文《关于发展我国第二代卫星导航系统的建议》。

会议邀请了来自中国科学院、中国工程院、国防科工委、总装备部、信息产业部等相关单位的百余位专家，听取了28篇报告，对我国第二代卫星导航定位系统的发展途径、星座设计、方案设想、卫星导航系统的体制研究和发展战略等多方面，进行了广泛的技术交流和讨论，并形成了基本共识。

为了进一步争取国家加大对我国新一代卫星导航定位系统研制的支持力度，童铠起草了《关于加速发展我国新一代自主卫星导航定位系统的建议》的报告，并向中国工程院信息与电子学部提出建议，希望邀请工程院有关院士进行研讨。

此建议得到工程院的支持，在学部内进行了多次深入讨论，最后形成由王希季、张钟华、杨嘉墀、闵桂荣、林华宝、屠善澄、龚惠兴、魏子卿、童铠九位院士联名的正式文件，经中国工程院院务会议审议后上报国务院，得到了国家领导人的重视。

在国际合作方面，童铠坚持独立自主、自力更生为主，积极争取合作的原则，参加了对俄罗斯格洛纳斯系统的技术考察，了解了对方寻求国际合作的意图，提出对俄合作的目标和对策设想，并强调在合作谈判中，必须确保我方在独立主权的前提下寻求灵活的合作方式。

回国后，他在考察报告和起草的《五院对俄格洛纳斯合作问题的建议》

1999年12月，童铠赴俄罗斯考察格洛纳斯卫星导航系统时在莫斯科大学留影

中明确写道：“我国最终要建立独立自主的卫星导航系统……与俄谈判中北斗二代的研究不应受到影响……若进行系统级合作，一开始就应实施共有、共控、共管的原则……”

他还参加了对欧洲的伽利略导航系统的技术考察，提出了可能合作的项目，回国后与周志成合作，编写了《对欧洲导航定位系统的考察报告》，强调我国新一代导航定位系统的研制工作应该抓紧，不应受合作谈判的影响而有所耽误，自主研制和国际合作相结合，有利于节省我国全球导航系统总建设投资，最终目标还是要建立独立自主的导航系统。

建立高精度卫星轨道基准和卫星时间基准，是新一代卫星导航定位系统

2000年3月，童铠（左）考察欧洲导航系统时，与孙来燕（右）在卫星模型旁合影

2000年3月，童铠（左二）考察欧洲导航系统时，与孙来燕（左三）、周志成（右三）等人及外方专家合影

技术的核心，需要开展深入的研究工作。同时，为了获取对我国未来的导航频率的国际保护，需要加快向国际电联申请和协调。这些问题都装在童铠的脑海里，毕竟已是年逾古稀的老人了，长期体力体能的透支，终致他积劳成疾，住进了医院。

利用原子吸收或释放能量时发出的电磁波来计时的原子钟，是目前世界上最准确的计时工具，也是卫星导航系统精准定位的基础，导航星和地面站都离不开它。一般钟表精度最高的大约每年会有 1 分钟的误差，这对日常生活没有什么影响，却无法满足卫星导航系统的精准需要，而原子钟的计时精度可以达到每 100 万年才误差 1 秒。

国内原子钟技术基础非常薄弱，虽然对铷钟、铯钟和氢钟均有研制，但一直没能生产出适用于卫星的产品来，"北斗一号"上是引进的美国产品。为了推动原子钟技术的发展，使之能与新一代卫星导航定位系统的要求相匹配，童铠不顾自己病体羸弱，亲自申请和参与策划召开主题为"卫星导航星载原子钟与同步技术"的香山科学会议，并撰写会议的主题论文。

始于 1993 年的香山科学会议因为规格高、条件好，而有"科学神仙会"

之谓，是借鉴美国戈登会议模式创办的具有宽松氛围的学术会议，提倡学术民主、自由探讨之风，允许不同观点的讨论和争鸣，促进学科交叉与融合，推进整体综合性研究，启迪创新思维，汇聚各方力量，一起探讨前沿和展望未来。我国许多重大科技项目和研发活动都起源于香山科学会议。

以《卫星导航星载原子钟与同步技术》为主题的第181次香山科学会议能够顺利召开，童铠功不可没。虽然被推举为会议的执行主席，他本人却因身体原因没有出席会议，撰写的《卫星导航系统对星载原子钟与星地时间同步技术的需求》主题评述报告，是由空间技术研究院副院长刘强代为宣读的。

其实，既不是危急的重病，也不是什么传染病，向医院方面请个假，出来参加会议并非不可行，童铠却唯恐别人知道自己是住院的病号而加以特别照顾，宁可缺席，也不愿意给会议增添麻烦。

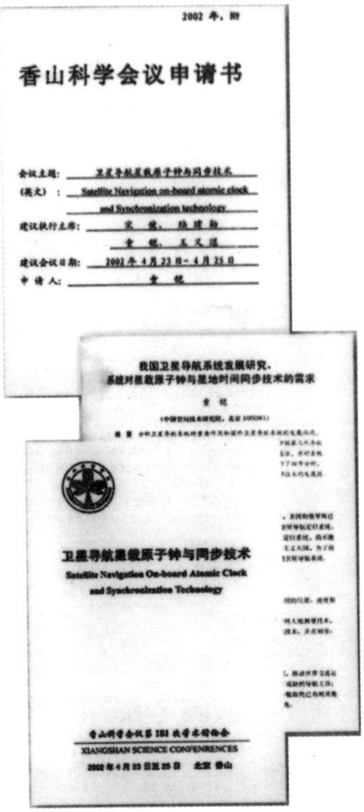

2002年，童铠为二代导航星载原子钟倡导的香山科学会议

为期三天的会议开得很成功，三位与会的执行主席各有分工，宋健院士致开幕词，陆建勋院士讲话，王义遒教授作了《星载原子钟国外的发展概况和我国的发展途径》中心议题报告。来自全国的四十多位专家学者听取了近十篇报告，通过各抒己见的发言与畅所欲言的共同探讨，对发展卫星导航系统和星载原子钟重要性的认识、星载原子钟的研制途径，以及当前研制中需要迫切解决的问题等重要方面，达成了基本共识。

为了让有关领导尽快了解情况，争取更有力的支持，童铠和陆建勋、王义遒三位会议执行主席又联名给工程院院长、国家科技部部长和自然基金会主任写信，汇报了会议的讨论情况，并热切希望国家对星载原子钟与同步技术的发展加大支持力度，待条件成熟后能纳入“863”和“973”计划。

正是由于他们的大力促进，使得星载原子钟技术得到长足的发展，如今“北斗二号”已经用上了航天科工二院 203 所提供的国产原子钟，性能与进口产品不相上下，完全可以满足需要。

童铠住院期间，原航空航天工业部科技委主任、“两弹一星”功勋奖章获得者孙家栋专程到医院看望，并就第二代导航系统及与俄罗斯合作问题听取他的意见。童铠全然不顾病痛的折磨，用了将近两个小时，直言不讳地摆明了自己一如既往的观点。

他认为不断发展的国际战略防御形势，对我国未来的卫星导航定位系统提出了新的要求，世界各大国及地区都高度重视发展自主的卫星导航定位系统，美国不断提高 GPS 的精度和抗干扰力，俄罗斯坚持全面恢复和自主控制格洛纳斯系统，欧盟致力于建设伽利略系统，我们必须迎头赶上，尽快推出能覆盖全球的卫星导航定位系统，以应对不时之需。

他强调，卫星导航定位系统不仅是为了满足民用需要，军事应用历来是更为重要的领域。当前世界正面临一场新军事革命，电子战、信息战及远程作战成为新军事理论的主要内容。卫星导航定位系统本身既是外层空间争夺战的产物，又是一个功能强大的军事传感器，谁拥有先进的卫星导航定位系统，谁就在很大程度上掌握了未来战场的主动权。科索沃战争期间，美国一颗精准制导炸弹能够准确击中我国大使馆主楼，靠的就是卫星导航定位系统。我国第二代卫星导航定位系统一定要自主研制，绝对不能依靠外国。否则，世界形势一旦有变化，国外很可能改变他们的信号结构，并对我国禁运破译这些信号结构的软（硬）件，那时，花大价钱进口的设备就会成为一堆废物。

他坚持认为，如果要与俄罗斯合作，最好是部件级合作，如若一定要进行系统级合作，为了保护国家主权，一开始就必须执行共有、共控、共管的原则。而且在合作谈判期间，我们正在进行的第二代导航系统的研制工作不应受到影响。他特别提及 20 世纪 60 年代初，苏联单方面撕毁合同、撤走专家并带走全部图纸和资料的史实："真要到了那种时候，哭都来不及！"

以"北斗一号"地面应用系统总设计师的经验，以及领导第二代导航总体方案论证工作的体会，童铠表示，虽然第二代卫星导航定位系统复杂，全系统的设计研制和运行管理尚缺少经验，但我国对卫星的测控技术已经有了一定的基础，"北斗一号"的研发锻炼了队伍，积累了经验，GPS 的广泛应用为我国未来的卫星导航提供了应用基础和广阔的市场，发展新一代卫星导航定位系统不仅是必要的，而且技术上、经济上也都是可行的。

建立我国新一代卫星导航定位系统究竟应该是区域的，还是全球的？这是我国相关专家广泛关注的一个重要问题。童铠认为，当前首先要确保国内及附近海域的需求，并力主减少初期一次性投资额度，在近期内仍以建成北半球约 120° 经度范围内的区域导航系统为宜。

从长远发展打算，我国经济和科学技术的发展离不开卫星导航，低轨飞行器的定轨也要求有全球导航系统支持，要认真考虑我国区域系统今后能够顺利发展为全球系统的可能性。因此，从前瞻性考虑，他建议以建立全球导航系统为长远目标，可以按技术经济条件分两步实施，采取先区域后全球的方针。

听着童铠竹筒倒豆子一般侃侃而谈，妻子王德润在一旁真是急不得、恼不得，既怕他情绪激动对病体不利，又怕他这样直截了当地向领导强调自己的观点有失礼仪。送走孙家栋后，她忍不住埋怨了丈夫几句。

他却不以为然："卫星导航是关系到国家安全的大事，差之毫厘就会谬以千里，绝不能掉以轻心，有机会向上级反映意见当然要知无不言、言无不尽了！"

毫无疑问，童铠是对的，上级领导也采纳了他的意见。

2005 年，国家正式批准"北斗二号"卫星导航定位系统工程立项。同年，北斗导航系统课题获国家科学技术进步奖一等奖。

北斗导航定位系统是 21 世纪初中国最重要的航天工程之一。如今，北斗导航系统已进入布网的高峰期，到 2020 年，我国将建成包括 5 颗地球同步卫星、30 颗中高轨道卫星组成的覆盖全球的太空网络。其规模将超过俄罗斯的格洛纳斯和欧盟的伽利略，直追美国的新一代 GPS，不仅能满足我国国防安全和经济安全的需要，还具备海陆空全方位的全球导航定位服务能力。

北斗导航系统与通信卫星系统、侦察卫星系统、遥感卫星系统、气象卫星系统共同构成了我国的"空天系统"，再加上配套的超级计算机，既是未来信息化战争的基础设施，也是维持国家长久和平的根本保障。

童铠

童铠院士传记

Academician Tong Kai's Biography

第二十一章

言传身教 春风化雨育人才

他为人谦和，治学严谨，处处以身作则，对学生们在学习和工作上严格要求的同时，又耐心细致地加以指导和培养。无论是接触工作的初期，还是承担工程任务时，他们都能得到导师有的放矢的指导和教诲。

童铠把毕生精力都献给了祖国的航天事业，在完成多项国家重点工程的同时，还把传授知识、启迪思想、培养人才视为自己的天职。几十年的工程实践中，他带出了一批又一批优秀的科技骨干，其中许多人已成长为研究员和高级工程师。此外，从 1986 年至 2000 年，他还先后培养了 12 名硕士研究生，代培了 1 名博士研究生。

1986 年以同等学历考入五院 23 所的周宁，是童铠带的第一批两名研究生之一。没有接受过大学的系统培养，难免有些科目的基础掌握得不是很牢靠，因而童铠对他给予了更多的关注，不仅亲自帮他精心选择每一门基础课和专业课，还要求他定期汇报学习情况。

每次周宁汇报时，导师总是认真倾听，不仅明确地指出他在学习中存在的问题，还悉心地指导他如何克服困难，怎样取得更大的进步。

第二学期的基础课矩阵理论得他只考了 59 分，需要补考，由于选修的课程比较多，按规定可以自愿放弃成绩较差的一门。师弟劝他索性放弃矩阵理论这门课，这样成绩单上就不会显现出补考的字眼，也可以避免因成绩不及格而连带导师颜面无光。

周宁内心很矛盾，一方面很想把这门没有“吃透”的课再好好学一遍，另一方面又觉得师弟说的也有道理，自己补考事小，给导师丢脸事大。童铠得知此事后，态度非常明确地告诫他：“你的基础比较差，没考好可以理解，但是不要放弃，知识永远是有用的。一个人的能力有大小，水平有高低，学习上一定要诚实，一定要尽最大努力！”

言简意赅的几句话，起到了“定心丸”的作用，让周宁抛开杂念，非常用心地把这门课又重新学了一遍。读懂学通之后，补考时他获得了98分的优异成绩。

这件事让周宁始终难以忘怀，日后提起童铠，他动情地说：“我一生中得到的最大财富是导师给我的教导，一生中最大的幸福是做了一回他的学生。”

毕业于清华大学的叶飞，是首批考入童铠门下的另一位研究生。初次面试，童铠就给他留下了难以忘却的印象，导师不是简单出些题目来考问，而是通过出题引出一个个讨论的话题，并营造出轻松的气氛，让他能够更深刻地思索和理解这些问题。

童铠非常注重对基本概念的考核，从高等数学到信号与系统，从数字信号处理到无线电信号传输，无不认真询问，一次面试居然持续了三个多小时。这三个多小时让来自中国最高学府的叶飞充分体会到与导师渊博的专业知识相比，自己的差距有多大，也初步领悟了该如何运用所学的基础知识解决具体问题。

跟随童铠时间长了，受其潜移默化的影响，叶飞不仅学识更加扎实，境界也得到了进一步提升，懂得了为学先为人、为人先正身的真谛。

忆起在导师麾下工作的情形，他感慨地说："想到曾经师从如此卓越的一位科学家，我感到非常荣幸，同时我也感到十分遗憾和惭愧。因为种种原因，我很早就离开了研究所，离开了航天事业，离开了童铠老师，没有继续跟随他进行通信和航天科学的研究。然而值得庆幸的是，老师对待科学研究一丝不苟的钻研精神，却一直深深地影响着我。这种风格虽然在日渐浓厚的商业气氛中显得有些格格不入，但却是我工作中不可或缺的支撑。不论我的工作岗位在哪里，童铠老师对待科学的这种态度将一直伴随着我。"

卢仲石也对最初的面试留有深刻的印象，除了考问一些概念外，童铠还出了一道定理题，让他把完整的证明步骤推导出来。数学是强项的他很快就推导出来了，为保险起见，又认真检查了两遍，没发现有什么问题，便信心满满地交了卷。

导师接过答卷，仔细查看每一个步骤，并不时询问如何理解这个步骤、那个概念，很快就捕捉到了一个符号错误。虽然只是一个小小的符号错误，他也没有一带而过，认真地加以分析：“中间过程做得都不错，却错在了结论上，从细节推演很难发现这个错误的结论，但要是从概念推理，就很容易发现其不合逻辑之处。”

随即，童铠又言近旨远地告诫他：“要注重细节，但也不能只盯住细节，还要学会从系统的角度看问题，既要从细节中看过程，又要从系统角度抓住重点，这样才是考虑周全且有效率的。”

还未正式上课，导师就传授了“真经”。随着工作经历的积累，卢仲石越来越强烈地体会到“方法”的重要性，也越来越深刻地领悟到导师的教诲对自己思维方法及工作方法所产生的巨大影响。

日后，他在一篇文章中真诚地写道：“年轻时无知，通常是跟着前辈亦步亦趋地照着做，习惯也随之不知不觉地养成了。一切都是在无意识之中，很多好习惯是在后来离开导师，在社会上有了比较，受到周围人的好评才知道的，而这一切仅从书本上是难以得到的。因为导师的谦虚，当年并未意识到其不平凡，直到有一天，有人问起‘你是怎样学到这些的？你的导师什么样？他是怎么做的？’以及看到其流露的感叹与羡慕时，才发现自己的幸运及导师的不凡。”

毕业于天津大学的郭建宁考入北京卫星信息工程研究所伊始，就参加了双星定位系统的研究。当他将自己归纳整理出的双星定位系统中心站的定位处理过程和数据流程图交给导师后，童铠很快就准确地指出了哪些地方考虑得基本合理，哪些地方不太恰当，并且非常明确地提出了修改意见。

这让他感到很奇怪，导师当时担任着所长之职，上班时间绝大部分都是在处理所里的行政事务，还负责 CDAS 同步数据缓冲器方案的预研课题，怎么可能对双星定位的具体技术和系统理解得这么清楚呢？

初来乍到，他还不了解童铠的认真和勤奋绝非一般人可比，白天上班主要处理所里的工作，晚上的时间则用来研究工程技术问题。说来令人难以置信，几次讨论重大技术问题时，他都是研究到凌晨四五点钟才小睡一会儿，八点钟又准时出现在办公室。

童铠思想活跃且开明，对学生并不严厉，但要求很高，不希望他们跟在自己后面循规蹈矩、亦步亦趋，总是针对每个人不同的能力和潜力加以激发与引导。对擅长从事理论研究的，他注意指出其对工程问题理解上存在的差距；对擅长从事应用研究的，他着重提醒其如何在理论研究的深度上努力。他总是鼓励年轻人提出自己的看法，引导他们寻找更好的解决方案，要不拘一格地发挥自己的特点和长处，要勇于接触新的东西，大胆进行新的尝试。

在学生们心目中，童铠既是督导有方的严师，更是关爱有加的慈父，对每一个人都是有求必应，从来不考虑自己的得失。周宁为伽利略导航卫星系统中的全球搜救系统做地球站设计方案时，苦于没有相关技术资料作参考。他记得导师曾经参与过一个中美合作的项目，保存有相关的资料，便开口求助。

当时已经重疾缠身的童铠刚搬入新家不久，打包的资料都还没来得及整理，翻箱倒柜折腾了一整天也未能找到，晚上又不辞辛苦地到楼上办公室继续翻寻，终于抱着一大摞资料下楼时，已经累得气喘吁吁，几乎走不动路了。

当周宁的设计方案顺利通过国家科技部的预审、又一次性通过了欧洲空间局的评审、为503所拿到了一份8500万元的大单时，他多想让导师分享这份成功的喜悦啊！遗憾的是，童铠那双充满关爱与期待的眼睛已经永久地闭上了。

毋庸讳言，社会上有些学风不正的导师，常将学生的研究成果占为己有，学生独立写出有分量的文章也要把自己的名字挂在前面。童铠的情况则正好相反，从来没有做过压制年轻人、盘剥年轻人的事情，他写文章都是自己的思路，学生帮助查找资料等稍有贡献，就会被列为合作者。他很注意为年轻人的发展创造条件，工作中尽可能为他们提供展示才能的机会，开评审会、作技术报告，也总是把年轻人往前推，让他们到台上出头露面，自己则坐在下面帮助答疑解惑。

一次，在用户组织的专家评审会上，郭建宁遵照导师的安排作完技术报告后，型号大总师发问："为什么解调门限比一般的BPSK高了3dB？"

郭建宁对不同的码速率和不同的调制方式的门限关系本来就有些含糊，不明白为什么教科书上的门限有的是十一多，有的是十四多，也曾经请教过其他技术人员，始终未能得到明晰的解释。这次技术答辩前，他已经留意到了这个问题，决定吃不准之前先把门限提到高限，以便给后面的研制留有余地，但这个结果如果成立，就会给载机带来更大的功率要求。

这个自己不十分有把握的地方，偏偏被用户的总师抓个正着，正在他因不知该如何作答而为难之际，台下的童铠侃侃道来："两路正交的I、Q信号，如果以两路信号复合后计算码速率和解调门限，就应该是十一多，如果是以单路的信号码速率计算两路信号的解调门限，就应该在单路的基础上加3dB……"

只三言两语就让郭建宁恍然大悟，长久以来的困惑豁然开朗。在导师的提示下，他又将整个信道的传输考虑重捋了一遍，最终赢得了与会专家和用户的一致认可。

经过多年的耳濡目染，近距离感受着童铠卓越的大家风范和独特的人格魅力，沉淀在内心深处的是深深的钦敬和爱戴，他高洁的品格、宽厚的胸怀、渊博的知识、献身航天事业的忘我精神，以及有所为有所不为的行事准则，在郭建宁心目中树立起为人处世的标杆。每当紧张的研制工作让他感到疲惫时，导师孜孜不倦的形象就会浮现在眼前，使他不敢、也不好意思懈怠，不论是遇到困难还是取得成绩，首先想到的也总是导师。

张春泽是童铠带的最后一个研究生，从第一天接受面试就开始体悟到“童总的关门弟子”的特殊“分量”，也领教到导师严谨的学风，笔试题从专业知识到英语能力面面俱到，交卷之后还把他答错的地方逐一予以详细的讲解。

考完出来后，陪他一起去的同事热心地给予忠告：“你可是童总的关门弟子，童总的严谨在航天界是出了名的，做他的学生必须加倍努力才行！”

日后，室领导向大家介绍张春泽时特别强调：“这是童总的关门弟子”；承担任务时领导鼓励道：“你是童总的关门弟子，我们相信你”；出成绩时大家说："你不愧是童总的关门弟子，好样的"；遇到困难时有人给打气："你是童总的关门弟子，肯定能解决。"

身为"童总的关门弟子"，有压力，也有动力和责任。张春泽暗自发誓，要用一生的时间来证明自己担当得起这样的身份，更有责任将导师勤勉严谨、正派清新的学风，以及甘于吃苦、乐于奉献的精神传承下来并发扬光大。

通常关门弟子是最得导师关爱的。一心扑在工作上、一向不谙人情世故、疏于社交往来的童铠，居然作为证婚人出现在张春泽的婚礼上。他动情地说："新郎是我的最后一名研究生，也就是我最小的孩子，看到他由一个孩子成长到今天成家立业，我很高兴……"朴素的话语凝聚着深切的关心与爱护。

在战勇杰心目中，导师童铠本人就是一本厚厚的书，几十年来，自己一直汲取着书中的营养，得到的不仅仅是专业知识的增量，以及工作能力的培养和锻炼，更有做为一名航天工作者的严谨工作态度和无私奉献精神的熏陶。

他一直记得读研究生时的情形，一次导师布置作业，要求做一个导航系统的仿真程序，他很快就按要求完成了，自我感觉还挺不错。几天后，童铠打来电话，指出程序中存在的算法错误。

这让战勇杰感到十分惊讶，与导师年龄相仿的人大多看不懂计算机程序，交作业时童铠曾坦言没有用过这种计算机语言，还特别托他找一本书，说需要学习一下。年轻人学习一门新的计算机语言，至少也需要几个月时间，而导师居然几天之后就能发现程序中存在的问题，简直不可思议。

童铠就是这样一位勤于学习和善于学习的人，所学专业是雷达，可对跨领域的通信和导航专业也同样具有深入的研究和独到的见解。他坚韧刻苦的钻研精神，敏锐活跃的科学思维，不仅让弟子们感到由衷的敬佩，还使他在参与的所有航天项目中创造出诸多奇迹。

他为人谦和，治学严谨，处处以身作则，对学生们在学习和工作上严格

2004年，童铠与学生战勇杰（后排左）、张春泽（后排右）在学位授予会上

要求的同时，又耐心细致地加以指导和培养。无论是在刚接触到工程技术工作的初期，还是随着工作阅历的增长承担了一定规模和难度的工程任务时，他们都能得到导师有的放矢的指导和教诲。每次有谁请教问题，他总是深入浅出地详尽讲解，不仅给出答案，还引导他们思考问题的正确方法，即使遇到自己一时拿不准的问题，也绝不会含糊其词地敷衍塞责，而是回去研究透了，再给出准确的答案。

他对年轻人的要求总是具体明确，方向把握得很准，认真负责的程度几近极致，力求尽善尽美。批改作业和审阅论文时，他都是逐字逐句看得非常仔细，概念对不对，逻辑通不通，连错别字和标点符号都不肯放过，对其中所有的公式推导都要亲自进行复验，稿纸边上写满密密麻麻的推导公式。即便是别人的学生请帮忙看看论文，他也绝不会掉以轻心，从头改到尾，页页见红，不放过连标点符号在内的任何错误和疏漏，还会给出很好的修改建议。

童铠对自己的学生怀有一种发自内心的、慈父般的关爱。为了长久保持师生及学生们彼此间的友情，从招收第一届研究生开始，他就亲自立下了一个约定：不论是已经毕业的还是在读的，每年元旦大家都到他家里来聚会，像一家人一样，随意地在一起聊天、吃饭、过年。

客观上说，这样做有两个意义，一是研究生们大都是从外地来京读书，远离父母家人，“每逢佳节倍思亲”，再加上收入有限，平日吃食堂日子过得很清苦，借此机会既可以改善一下伙食，又聊慰思亲之情；二来平时工作都很忙，彼此难得有机会碰面，给大家提供一个相互交流沟通、增进情谊的平台。

随着岁月的递增，元旦聚会的队伍不断壮大，从最初的两三个人到后来的几十个人，大家的兴致也越来越高，情谊也越来越浓，一直持续了近 20 年。一开始年轻人是单个来，逐渐发展为成双成对来，随后又变成一个个三口之家上门。年复一年，当年稚嫩的青年人纷纷步入了中年，襁褓中的下一代也都长大成人，陆续走进了大学的校园，不再像是师生聚会，而更像是走亲戚、回“娘家”。

每年一到 12 月中旬，童铠就开始盼着元旦的到来。这一天是他一年中最高兴、最轻松的一天，从几天前就开始念叨，该给他的“孩子们”准备些什么吃食。其实这根本用不着他操心，师母王德润早就采购来各种食材，为聚餐做好充足的准备。元旦当天，她更是一大早就起来，煎炒烹炸一通忙活，不单丰盛的荤素菜肴摆满一大桌子，还和好面、调好馅，等大家到来后一齐说说笑笑地动手包饺子。

每年聚会，毕业的、在读的，一个不落，身在国外的学生也不忘打越洋电话过来向大家问候致歉。座位不够了，他们也要挤坐在一起，聊过去一年的收获，聊新一年的打算，有说有笑，其乐融融的场面热闹而温馨。

有一年，不知是谁开了个头，学生们纷纷回忆起当年初见导师时内心的忐忑，童铠听了很感惊讶："我就那么让你们怕吗？"

说完自己就先笑了起来，此刻真看不出他是一位严师，分明就是一位慈父，详细地询问这一个的工作情况、那一个的课题进展，以及家属的健康、孩子的学习状况，关切与期待溢于言表，得知哪位弟子取得进步和成绩，便会流露出由衷的欣喜。

有趣的是，这么多年来，学生们从来都是空着手去导师家过年，没有人想到要给导师送礼，大

1987年元旦，童铠（中）与研究生在家中聚会

1992年元旦，童铠（前排右二）与研究生在家中聚会

家都知道他绝不会收他们的礼物。迁入“院士楼”之前，童铠的家并不宽敞，采光也不好，可在学生们的心目中却是一片真正的“净土”，大家不敢也不愿用社会上“礼尚往来”的风气去亵渎它。

早期的元旦聚会都是在家里吃饭，由师母亲自掌勺。后来她年纪大做不动了，再加上人也越聚越多，饭桌前实在挤不下了，才改为去外面餐馆里吃。有的学生当上了领导，有条件报销餐费，童铠自己在院科技委任职，报销一顿餐费也完全不成问题，可他从来都是坚持自己付账，既没有让学生们出过钱，也从来没有去单位报销过一次。

了解童铠的人都知道，他是个惜时如金的人，从来不去别人家串门，一来没有多少空闲时间，二来没有闲聊天的习惯。可是哪个弟子成家买了新房，他都要抽出时间来和大家一起前往祝贺。

导师蔼然如父，师母亦是关爱有加，总能准确无误地叫出每一位学生家属的名字。有一年元旦，郭建宁发烧未能前来参加聚会，她特意留出一份饭菜来，打包让同学给他带回去，还打电话过去嘱咐他一定要多喝开水、多休息，比父母关照得还细微，比对自己的孩子还体贴。并不是对郭建宁另眼看待，无论哪个学生家里出了什么问题，哪位家属身体欠佳，哪家小孩子的事情需要操心，她都会亲自打电话询问和叮嘱。

航天院所的研究生课题，一般都是结合未来的工作需要而确定。开始带研究生时，童铠正领导 503 所少数同志进行双星导航定位系统的预研工作，认为所里未来将需要大量这方面的人才，所以陆续而来的研究生们的课题多数是围绕卫星导航定位系统而设立的，只有少数是针对中继卫星和 GPS 系统的研究。可以说他们一入门，即被引入了学术科研的前沿阵地。

这些研究生毕业前后所做的研究工作，对 503 所的发展都起到了重要的作用。虽然后来由于各种各样的原因，有的人学成后离开了 503 所，甚至离开了航天战线，但不论在国内还是在国外，不论是当大学教师、外企高级技术和管理人员，还是民营企业的创业者，都表现得非常出色。

留在 503 所和升任到航天系统内高层重要岗

位的人，如今都成为技术队伍中的主力军，有的还当上了处级、局级领导，对航天事业发挥了更大的作用。尤为值得称道的是，不仅当年与导师一起挑灯夜战的日子，成为他们人生中最珍贵、最美好的记忆之一，童铠认真严谨的工作作风、勤勉刻苦的钻研精神、无私奉献的高尚品格，以及不可抗拒的人格魅力，也一直深深地影响着他们，成为他们事业追求中不可或缺的支撑与动力。

童铠

童铠院士传记

Academician Tong Kai's Biography

第二十二章

志同道合
携手并肩贤伉俪

她敬重丈夫的人品与学问，钦佩他刻苦钻研的顽强意志，赞赏他不断攀登的创新精神，为他取得的一个又一个成功而感欣慰，心甘情愿充当一片护花的绿叶，将自己深挚的爱都倾注于日常生活的点点滴滴中。

幸福的婚姻既没有明确的概念，也没有统一的标准，全凭两个人自己的感受。童铠夫妇的婚姻无疑是幸福的，在四十余载的共同生活中，他们两心相通、两情相悦、相依相守、和睦融洽，一起承担风霜雨雪，共同分享喜怒哀乐，无论大事小情，从未发生过激烈的争执。

西军电的领导非常富有人情味，童铠调回北京工作后不久，便将已经留校任教的王德润当成应届毕业生分配到他任职的五院 12 所，使二人不仅避免了长期两地生活的不便与苦恼，还得以再次成为同行和同事，只不过一个在总体室，一个在分机室。

爱情是浪漫的，你侬我侬即可；婚姻却是现实的，躲不开柴米油盐。无论男女，组建家庭后都要付出相当的努力，在吃住条件都非常艰苦的年代更是如此。

婚后很长一段时间，童铠夫妇都是与他人合居于一套两居室的住房中，二人世界时还不觉得有何不便，随着孩子们的陆续到来，这间不足 20 平方米的房间变得越来越拥挤，狭窄得几乎转不开身。

大儿子出生时，岳母为了照顾坐月子的独生女儿和刚出世的外孙子，忍

1963年，童铠与夫人王德润合影

痛离开患有心脏病的岳父，独自从安徽来到北京。幸有老人帮忙带孩子，二人才得以没有后顾之忧地照常忙工作。

二儿子降临后，日子过得就没有那么滋润了。月子中的王德润睡到半夜，忽然听到母亲的呻吟声，老人家腹痛难忍。童铠急忙将岳母送到医院，一时不能确诊是急性胰腺炎还是胆道蛔虫，只好先输液消炎，打杜冷丁止痛，一连在医院住了十几天。

一边是住院的老人，一边是产妇和婴儿，还有一个刚一岁多的幼儿，童铠忙得简直焦头烂额。大年三十，他抽空去买了一块肉，本意是想给病人和产妇煮点肉汤，结果却因顾此失彼而烧成了糊碳。一锅玉米面糊糊打入两个鸡蛋，就成了一家人的年夜饭。

小儿子出生后，岳父的心脏病愈发严重，不方便让他长期独自生活，便也接来北京一起住。一间小屋最多时住着大大小小 7 口人，除了一张旧的三屉桌外，最惹眼的家当就是一堆晚上搭白天撤的床板。

孩子们逐渐入学后，晚上写作业要用桌子，童铠只能坐个小板凳趴在床板边工作。谁能想象得出来，“101”“450”等那些他经手过的高精度雷达的方案和草图，那些产生过重大影响的论文与报告，就是在这样的环境中诞生的。

从研制“101”时就在一起工作的陆文福，实在看不下去童铠一家的“蜗居”状态了，决心帮忙予以改善。本来他与另外两位单身男同事一起居住在一套两居室里，其中一位不知因为什么事而被捕入狱。经过与同屋协商后，他们主动将两居室调换

童铠（右二）与岳母（左三）、夫人王德润（左二）及孩子们合影留念

给童铠，从而使一家人的居住条件得到一定程度的改善。这一大屋一小屋的两居室，童铠一家住了 20 多年，直到儿子们都长得比爸爸高了，才分到了一套小三居。

计划经济时代，生活中充满了各种票证，吃饭要粮票，穿衣要布票，买肉要肉票，购日用品要工业券。家中三个孩子清一色“秃小子”，活泼好动的天性，使得衣服很容易破损，今天这个的衣服刮了道口子，明天那个的裤子破了个洞，总买新的且不说费钱，布票也不够用的，缝缝补补便成了不可避免的日常手工。

收入有限的夫妻俩终于攒够一笔钱，买来一台燕牌缝纫机。刚开始接触，王德润不会用，手忙脚乱不说，还不是断针就是卡线。童铠忙中偷闲加以钻研，很快就能操纵自如，为儿子们缝补衣服上的“伤口”一时成为他的“专利”，直到妻子熟练掌握了缝纫技术后，他才就此“下岗”。

童铠不单是个事业心极强的人，也是个极重感情的人，对家庭富有强烈的责任感。只不过随着肩上的担子越来越重，他身不由己地让人生的天平向工作这边一倾再倾，甚至有时不得不疏忽或冷落了亲人，但他心中却始终对家人、对亲友充满了挚爱深情。

忙起工作来，他基本没有时间帮忙打理家务，可买粮食、换煤气、购冬储大白菜这些需要出力气的活儿，却都当仁不让，绝不肯让妻子负重。他曾经是会做饭的，不仅会蒸可口的山东大馒头，炒菜的水平也不低。只是随着工作越来越忙，几乎每天晚上都要“开夜车”，妻子舍不得再让他染指家务事，这方面的技能才慢慢“退化”了。

随着改革开放，电视机开始进入了普通百姓的家庭，不少邻居也都陆续添置了，经济比较宽裕的自然买现成的，手头拮据的索性买来显像管元器件，自己动手组装——对这些航天界的电子专家们而言，攒台电视机根本就是手到擒来的“小儿科”。

看到孩子们经常到邻居家蹭电视看，回家后一个个还意犹未尽地津津乐道，童铠夫妇商量着决定自家也装一台。设计图纸完成了，元器件也买齐了，电视机却迟迟未能问世，虽说攒台电视机不难，但是让每天工作到半夜的他拿出整块的空闲时间太难了，最后还是攒够钱买了一台回来。

有一年，王德润不慎摔伤，腰椎压缩性骨折，被迫卧床 40 多天。这期间，童铠每天下班回到家，根本顾不上休息，又是烧饭做菜，又是照顾病人，端茶送饭，嘘寒问暖，虽然动作略显生疏，还是照顾得无微不至。

外柔内刚的王德润是位具有奉献精神的女性，将关心爱护、理解支持丈夫视为自己的天职。她说：“一个人愿意去努力，愿意去奋斗，你又相信他能够做出成绩来，就应该倾心竭力地去支持他！”

这句质朴的话所言竟与德国著名哲学家费尔巴哈的“爱就是成就一个人”不谋而合。

她敬重童铠的人品与学问，钦佩他刻苦钻研的顽强意志，赞赏他不断攀登的创新精神，为他取得的一个又一个成功而感到欣慰，心甘情愿充当一片护花的绿叶，将自己深挚的爱都倾注于日常生活的点点滴滴中，包揽了几乎全部的家务，生活上悉心关照，工作上倾力辅佐，将小环境经营得温馨和

童铠与夫人王德润在北京动物园

睦、其乐融融，让他没有任何后顾之忧。

童铠对工作心无旁骛的热爱与痴迷，让妻子既感动又心疼，虽然免不了会嗔怪“别人对工作是进去难，出来容易，你反倒是进去容易，出来难”，却无论他熬夜到多晚，总会适时送上一碗热乎乎的可口夜宵。

童铠调任“450”工程副总设计师，负责通信卫星微波统一载波测控系统的技术总体工作时，不仅设备不足，人手也不够，只好回到原单位去求援。23所的领导二话没说，不但支援了计算机，还连带将他的妻子一起“借”给了他。

王德润兴高采烈地说：“能帮童铠干活，我特别高兴！”

她并不是刻意要追求夫唱妇随，而是太知道童铠需要些什么帮助了。夫妇二人在闽西并肩作战的一个多月时间里，她不仅负责操作计算机，整理相关数据，还倾心竭力地在生活上给予童铠和他的同事们适当的关照。

几十年的共同生活，王德润对丈夫体贴入微，甚至可以从他上楼的脚步声中分辨出工作进展得是否顺利。她还总结出他的三个“不知道”：一是不知道按时吃饭，二是不知道到点下班，三是不知道逛商店购物。

在单位里上班，到了开饭时间总要同事们提醒，童铠才想起去食堂吃饭，有时手头的工作放不下，索性让人帮忙带几个包子回来，或抽空咬上几口，或边吃边干。在家中，他也很少有主动坐到饭桌前的时候，王德润总是把饭菜摆上桌后再叫他过来吃，若遇到他正专心计算或陷入深层思考时，更是“千呼万唤始出来”，似乎他的大脑数据库里，根本就没有存储饥饿的信号。

凡事都难免有例外，有一天工作暂告一段落，童铠突然有了饥饿感，便主动前往食堂去吃饭，进去后不仅看不到一个吃饭的人，连卖饭的人也不见踪影，搞不清楚究竟是还没到开饭时间，还是早已过了饭点。幸好院旁不远处有个全天营业的香妃烤鸡店，总算让他解了胃肠之饥。

傍晚下班时，常常是班车上人们都坐好了，就差童铠一个。王德润为此很感歉然，多次提醒丈夫“要有群众观念，不要为你一个人的事耽误大家的时间”“你回家能吃上现成饭，人家有的回去还要接孩子、做饭”，却还是无济于事。他也觉得自己总迟到挺对不起大家的，可一干起工作来就全神贯注，

童铠与夫人王德润在北京前三门合影

根本顾不上看时间。

王德润无奈，只好特意去买来一个小闹钟放在丈夫的办公桌上，每天下午 5 点 25 分准时响铃，提醒他赶快收拾好东西上班车。这一招倒是挺管用，不至于再让大家坐在车上等他了。人虽按点及时上了车，思绪却还停留在办公室里，有人搭话时，总是答非所问，一看表情和神态，就知道他的心还沉浸在数字和公式的推导中呢。

用大智若愚来形容生活中的童铠似乎并无不当。非万不得已他从来不进商店和市场，除了买书和配眼镜之外，几乎不知道购买其他物品，对日常生活中的俗务琐事总是马马虎虎、得过且过，与对工作一丝不苟、精益求精的态度形成了非常鲜明的对比。

不仅几乎不进商店，他还从来没进过理发店，为了节省时间，几十年来，头发都是由妻子一手打理。好在无论剪长剪短、剃薄剃厚，他从来不挑剔，每次都是笑着予以鼓励："理得不错，这次最好！"

童铠为人随和谦逊，同事们都知道，一谈起技术问题来他就刹不住。无论是相互讨论，还是单方请教，他都会不厌其烦地详尽讲解，直到说清楚、说透彻为止。而说起与技术无关的话题，无论是社会问题、生活问题，还是单位里的逸闻杂事，他基本上无话可言，漠然木讷的样子，就像个不谙人情世故的小学生。

或许一个人的某种特点发挥得太充分了，其他方面就难免有所退化，童铠的不善应酬是出了名的。可这并不影响他拥有众多的朋友和真挚的友谊，大家都知道他忙，平时尽量不去家里打扰，逢年过节，前来看望和拜年的宾客却络绎不绝。

工作上一向坚持高标准、严要求的童铠，生活中却始终保持低标准、无奢求，一件褪了色的军大衣不知穿了多少个冬季，除了为外事活动置备的几身“行头”之外，平日里都是式样简单的夹克衫。无论衣食住行，他从来没有任何奢求，偶尔提出个需求，竟低微得出人意料：“我近来有点上火，给我买个萝卜吃吧。”

王德润不解其意：“上火了为什么要吃萝卜，吃苹果、梨、橙子等水果不是更好吗？”

丈夫质朴的回答让她鼻子发酸：“小时候在家里，上火了就是吃个萝卜，哪有苹果什么的呀。”

俗话说“会哭的孩子有奶吃”，童铠的脑子里却装的都是工作，很少考虑个人利益，更不肯为了自家的困难向组织张口。跟这样一个不会索取的人一起生活，王德润既不忍抱怨，更不能强人所难，唯有随遇而安。

直到 1997 年，他们一家三代还挤在 80 多平方米的小三居中，三个儿子都到了该成家的年龄，还睡着需要上上下下的双层床。来家里串门的同事们都看不下去了，纷纷“指责”童铠:“家里挤成这样，你也不想办法解决！”“院士、所长、研究员、总师，凭哪一项你家的住房也不达标呀！”“你去看看现在哪个总师家还住这样小的房子！”

虽然童铠一直盼望着“家中若有一个让我能伸展开来写东西的地方就好了”，可他依然张不开口向组织诉说住房的困难。老搭档董力深知他一向的为人，索性替他写好一份申请交了上去，这才得到单位给补的一间小房。

2003年，五院盖起了两栋“院士楼”，说是院士楼，其实300多套房子中真正180平米“院士规格”的住房只有16套，好在当年院内的两院院士只有7位。童铠是1997年当选的工程院院士，入住明亮宽敞的大房子应该是毫无悬念的事。

分房名单张榜后，他的名字却遍寻不见，缘由是按规定入住新房必须将原有住房交给院里，可他们住的房子产权属于二院，王德润去办理时，人家不同意交给五院，要交只能交给二院。一方坚持要，一方坚持不给，两个兄弟单位僵持着，陷入两难境地的个人又能奈何？

王德润坐不住了，责任不在自家，后果却需个人承担，实在有失公允，她决心去据理力争。可她毕竟只是家属，房子是分给院士的，要争取也得院士本人出面才名正言顺。她只好一再动员丈夫:“你就跟我去见一下负责分房的人，只要露个面就行，不用你张口说一句话，我来交涉。”

无奈之下，童铠只好勉为其难地陪着妻子前往，进了门真的一言不发，低着头坐在那里，任由王德润进行交涉，别说摆出院士的派头了，简直就像是一个犯了错误来接受批评的孩子。负责分房的同志坚持照章办事，只要交了旧房，就给新房的钥匙。

一番交涉无果，二人怏怏而归，下楼时巧遇一位院领导，问明情况后，

童铠与夫人王德润在北京家中合影

出面为他们主持了公道："交房子应该是院与院进行交涉的事，推给个人去办，这不是给人家出难题嘛……"

能住进做梦都没敢奢望过的宽敞大房，令童铠很是兴奋。这个几乎从来不进商店的人，居然自告奋勇去灯具城采购。待他买来的吸顶灯装好后，全家人都大吃一惊，灯的基座是一面蓝色的反光镜，边缘还挂着一串串闪着五彩光芒的透明玻璃球，环形灯管环绕着的正中央吊着一个带挂件的旋转电机，灯管一亮电机就开始旋转，挂件也随之转动，卧室瞬间变成了儿童游乐场。

亲人们诧异的神情让童铠乐不可支。而在儿子们眼中，此刻开怀大笑的老爸就像是一个童心未泯的天真顽童。

童铠性格比较内向，按妻子的说法就是"暖水瓶型的”——外冷内热，外表看上去平静如水，内心却如岩浆般炽热。很少见到他慷慨陈词地发表什么豪言壮语，但他的内涵却一点也不贫乏。相随相伴了一生，风风雨雨经历了不少，她仅有两次机会见到他落泪，一次是因周总理逝世，另一次是为印尼海啸。

1976 年周总理去世时，童铠正在红旗山基地进行“101”的校飞试验，回到单位后参加了悼念仪式。不知道，也不敢想没有了以柔克刚的周总理忍辱负重地运筹帷幄，今后国家和民族的命运将会怎样，痛彻心扉的哀思与悲情难抑的呜咽竟令他迈不开步来，只好被两位同事搀扶着去遗像前鞠躬致意。

2004 年年底，印度洋发生近 200 年来最惨重的海啸灾难，不仅造成当地 20 多万人死亡，还令流离失所的难民超过 60 万人。童铠当时正卧病在床，从电视中看到灾难现场惶恐的人群，他不禁流下同情的泪水，哽咽着嘱托妻子：“你赶快拿 1000 元送到院里去！”

在募捐处有同事说：“你干嘛要捐那么多，两三百元就行了。”

王德润如实告知：“这是老童的意思，就随他吧！”

儿子们工作之前，家中经济状况并不宽裕，以童铠在业内的名气、水平和能力，要谋求改善易如反掌。可是别说主动出击了，就是送上门来的机会，都被他断然回绝掉了。

从美国来的陈先生参观 CDAS 后，很好奇地向童铠发问：“你是总师，怎么会对具体技术了解得这么清楚呢？”

童铠平淡地答道：“总师当然应该全面都掌握清楚了，不然怎么能保证把工作做好呢。”

话虽如此，陈先生却认定童铠不是一般的总师，力邀他去美国发展，并许以丰厚的报酬，得到的回答却是：“中国要干的事情还很多，我不可能去美国！”

名声显赫的兰德公司曾经两次主动登门拜访，邀请童铠利用假期前往美国考察，不仅提供往返机票，还有5000美元的酬劳，并告知航天系统已有不少人在为他们工作。只需十来天时间，免费去美国走一趟，5000美元按当年的汇率超过了一年的工资所得，如此好事何乐而不为。

童铠却丝毫不为所动，掷地有声地回答："别人的事我不了解，我是五院职工，只能给五院做事，不能私自干外活儿！"

国内也有一些单位以高薪、住房、汽车等优厚条件聘请他兼职，也都无一例外地遭到了回绝。不仅如此，那些与自己专业关系不大的评审会，再大的红包他也不肯去参加，一门心思就扑在航天事业上。

其实，童铠并不是真的不干"外活儿"。他曾受航天工业部委托，指导帮助交通部建设交通专用长途通信网的北京卫星通信主站系统工程，还曾应民航总局的邀请，圆满解决了民航在卫星通信和专业电子工程中存在的问题。

他也不是真的不"私自干外活儿"。身为技术权威，时常会有慕名找上门来的同行、同事或学生，请他帮忙审核、把关一些重要的科研项目或学术报告。对这样的不速之客，他从不拒之门外或简单应付，总是像对待自己的本职工作一样认真负责，对一些复杂的总体项目，更是亲自计算复核各个环节的数据，每个指标都要核实把关，全面审查汇总后才放心地交还本人。这些分外的工作没有丝毫个人利益所得，有些更是需要侵占他原本就有限的睡眠时间。

送上门的美金轻轻松松就能赚到手，却视之如粪土；没有分文报酬的额外负担，却费心劳神在所不辞。正是对这有所为与有所不为的不同选择，彰显出人们不同的价值取向，不同的精神境界，不同的人生追求。在物欲横流、唯利是图的世风之下，童铠这种坚持不受名缰利锁羁绊，全心全意为国家、为社会奉献的人，几乎成了不识时务的“稀有物种”。

他不计个人得失的所作所为，非但没有遭到妻子的责怪，反而得到她的高度理解和全力支持。在这一点上，夫妇二人有着高度的共识：“不管是谁负责的项目，都是给国家干的工程，万一有所疏忽，势必会造成决策失误，从而导致重大的经济损失。有能力帮助把关，就不应该置之度外。”

正是岁月沉淀下来的那份信任、理解、宽容和默契，支撑着这对贤伉俪不管大环境如何变化，始终坚守着年轻时纯真的理想和信念，淡泊名利、克己奉公、奋发图强、无怨无悔地做着自己认定该做的事，从而活出应有的品质，活出精彩的人生。

童铠

童铠院士传记

Academician Tong Kai's Biography

第二十三章

父爱如山
慈颜悦色舐犊情

与一般家庭中严父慈母不同，在兄弟三人心目中，似乎母亲更严格些。他平日在家中话不多，性情温厚随和，总是慈祥地微笑着，认真地倾听着，从不疾言厉色地训斥谁，更不曾让孩子们产生过望而生畏的感觉。

据说，我们人类在生命形成之初，从母亲那里得到的是赖以成长的血肉，从父亲那里获取的是得以站立的骨骼。父母不仅赐予我们生命和遗传基因，还给予我们人世间最伟大、最无私的爱。

同样是爱，父爱与母爱却全然不同，母爱似奔流不息的河水，温润绵延，脉脉流淌在日常生活的每一个细节中；父爱如崴嵬矗立的峰峦，凝重浑厚，默默作用于人生的关键时刻。在孩子们的成长过程中，再好的母亲都不能替代父亲的作用，反之亦然，父爱与母爱就如同鸟儿的一双翅膀，缺失了哪一只，都无法自由地飞翔。

童铠、王德润夫妇育有三个孩子，童冰、童健和童伟，清一色都是儿子。都说男孩子生平第一个崇拜的偶像，就是自己的父亲，对童家三兄弟而言，此话一点不假。他们从小就对父亲怀有一份崇敬——他从事的工作大都与重大的国防科技尖端项目有关，肩负着一份沉甸甸的责任。这种认识的获取，来自旁听大人们的对话，以及参与一些场合的亲身感受。

儿时，最令他们兴奋与激动的事情，莫过于去机场迎接完成试验任务归来的父亲，有机会坐大轿车往返于机场，能够近距离目睹银光闪闪的大飞机，特别是看到日思夜想的父亲从飞机上走下来的那一刻，激动的心情真是难以用语言来形容。

不光是孩子们兴奋，来接机的大人们也显得异乎寻常，远道而归的叔叔阿姨们虽然看上去风尘仆仆，一张张脸上却都洋溢着成功的喜悦，同事们见了面，又是握手又是拥抱，喜极而泣的场面极富感染力。

父亲是家里出差行万里路的人，见多识广，会讲许多有趣的故事。孩子们的童年正处在“文革”后期社会精神文化生活极为贫乏的时代，几乎不可能从出版物中获取精神成长的养分，幼小的心灵全凭父亲口述的《孔融让梨》《此地无银》《请君入瓮》《小锡兵》《丑小鸭》等故事来滋养。

随着儿子们年龄的增长，童铠的故事中逐步增加了科普的内容，让他们懂得了因为地球的引力，生活在地球表面的我们才不会头朝下掉到别处去；月亮围绕地球旋转，地球围绕太阳旋转，这些都是因为引力的作用；火箭可以发射卫星升上太空，飞向月球，还可以返回地球。这些有趣的故事，不仅激发了孩子们的想象力，而且让他们从小就对父母所从事的航天事业有情感上的认同。

孩子们上学后，不仅对自然界充满好奇，对科学知识也开始有了探求的欲望，正赶上“文革”终结，中华大地迎来了“科学的春天”，童铠便开始有针对性地买些课外读物，用一些科学家的故事启发孩子们的心智，牛顿、达尔文、居里夫人、爱因斯坦这些名字，从此扎根在他们的心田。

乔治·伽莫夫所著《物理世界奇遇记》就是童铠专门买来，并利用周末黄金时间给孩子们讲解的一本书。尽管书中无处不在的狭义和广义相对论及量子力学，远远超出他们理解力的范畴，但科学的魅力和激发力是不受理解力限制的。他的出发点也不仅是为了向儿子们传递知识，更希望能够传递给他们对科学的热爱和向往——这也正是他自己精神世界里最深层的基质。

除了鼓励儿子们读书之外，童铠闲暇时，还会带着孩子们做些小试验，

1971年，童铠（后排右）与岳母（前排右二）、夫人王德润（后排左）及孩子们合影

让他们能够更直观地理解一些自然现象的原理。看到孩子们对雨后天空出现的彩虹感觉很神奇，他就把他们带到一处空场，含上一口水对着阳光喷出来，一道亮丽的彩虹顿时出现在眼前。

父亲居然可以“制造”彩虹，这让孩子们兴奋不已，你一口我一口地学着他的样子喷着水，发现原来自己也可以“制造”彩虹，玩儿得不亦乐乎。看着他们高兴的样子，童铠趁热打铁：“这就是气象中的一种光学现象。阳光照射在水珠上，光线被反射和折射，就会形成拱形的七彩光谱。空气中的水珠体积越大，彩虹的颜色就越鲜艳。谁知道彩虹上都有什么颜色？”

“红色”“绿色”“黄色”三个孩子抢着回答，谁答的都不全。

“看来你们都没有仔细观察，记住啊，彩虹由外至内是红橙黄绿青蓝紫七种颜色，这种排列是因为阳光穿越水珠时，各种颜色会以不同的角度折射而形成的……”就这样做游戏一般轻轻松松的，孩子们的心中就被植入了科学的种子。

在儿子们心目中，父亲几乎无所不会，无所不能。他会做饭，蒸出来的大馒头又白又喧腾；他会修东西，暖水瓶、自行车、玩具汽枪……家中的什么东西坏了他都能修；他能补衣服，熟练地踏着缝纫机把他们衣裤上被刮开的口子、被磨破的洞缝补得整整齐齐；他还能种花草蔬菜，从干校回来种的朝天椒硕果累累，栽的茉莉叶茂花繁。

毋庸讳言，上一代中国父亲大多数对待儿子是苛刻的，训诫有余而沟通不足。这大概与东方人不善于直接表达内心情感而又望子成龙心切有关，对孩子总是要求的多、指责的多，却鼓励的少、赞扬的少，表现得强势而专制。

童铠却是个特例，与一般家庭中严父慈母的角色分工不同，在兄弟三人心目中，似乎母亲更严格些，这可能是因为父亲工作太忙，平日孩子们的事情大都由母亲打理。他平日在家中话不多，性情温厚随和，总是慈祥地微笑着，认真地倾听着，从不疾言厉色地训斥谁，更不曾让孩子们产生过望而生畏的感觉。

男孩子难免淘气，在小事上他从不苛求儿子们，总是得过且过，但如若哪一个真的犯了原则性错误，则绝不轻易放过。

至今童冰还记得，上幼儿园时捡到了小朋友的玩具，是一个会自动转圈儿的小人偶，很好玩儿，就满心欢喜地装在兜里带回了家。父亲发现后，先是严肃地讲了一番道理，又罚他站在毛主席像前反省，并嘱咐第二天一早到了幼儿园马上物归原主。从此，他幼小的心里就形成了一个概念：别人的东

20世纪60年代，童铠（后排左）与岳母（后排中）、夫人王德润（后排右）及孩子们合影

西，再喜欢也不能占为己有。

还有一次受惩戒的经历，也让童冰铭刻心中。一天，他偶然发现家中一个台灯有点漏电，手摸上去被电打一下麻酥酥的挺好玩，就怂恿小弟弟去摸。父亲得知后很生气，却并没有发脾气，而是先给他讲了触电的危险，为了让他有切身的体会，好好接受教训，又说："不信你一手摸着漏电的地方，一手去摸暖气试试。"

好鼓不用重锤，父亲严肃的态度已经足以让童冰认识到了错误的严重性，他虽然没有敢真的去体验触电的后果，却从此懂得了对电的"尊重"及对危险的规避。

童铠深谙"兴趣是最好的老师"，总会想方设法地激发和培养儿子们的兴趣。利用出国考察的机会，他给他们买回一台可以自己编程序的卡西欧计算器。看着说明书，童冰很快就掌握了要领，成功地编出了一个能算平均分的跳水比赛游戏，初次感受到自主编程的乐趣。

玩儿了一段时间后，他感觉简单的编程已经不能满足需要了，就自己买了本书学着编更复杂的程序。把看似神秘深奥的东西搞清楚后，他便一发不可收地对计算机编程产生了浓厚的兴趣，不断实践，不断提高，不仅锻炼了逻辑思维能力，还领略到创新的乐趣，所学所用也为日后出色的工作奠定了很好的基础。

童冰天资聪颖，也具备一定的动手能力，只是还欠缺童铠那种扎扎实实做事情的严谨态度。刚参加工作时，他不掌握同步卫星轨道位置的计算，向爸爸请教计算公式。童铠并没有简单地告知计算公式，而是拿出一本《球体几何学》要他认真学习，并告诫："要想真正搞明白，必须先把基础知识学通学透，真正懂了，才能得心应手地解决问题。"

一次，他为朋友修理一个接触不良的任天堂游戏机，拆开后发现没有太大的问题，鼓捣鼓捣垫上张纸就可以凑合着用。这个修理过程被童铠看在眼里，很不以为然，语重心长地告诫儿子：“要干就要真正把事情干好，绝不能瞎对付！”

随即，他让童冰重新把游戏机拆开，用一根木筷子在通了电的电路板和元器件上依次触碰，很快就发现是一处焊接点接触不良导致的故障，用电烙铁重新点焊后问题就彻底解决了。这件小事让童冰认识到，只有认真对待问题，才能找到正确的方法，从根本上解决问题。

儿子们小的时候，童铠还能忙里偷闲偶尔带着他们或去公园玩儿上半天，或去看场电影，在孩子们的兴奋中尽情享受天伦之乐。随着他们的日渐成长，他的工作也越来越忙，几乎没有精力去过问他们的学业，更没有时间陪他们出去玩耍。

“开夜车”是童铠生活中的常态，工作中诸多的难题白天无法静下心仔细琢磨，下班带回家，夜深人静时潜心进行深入研究。常常半夜睡醒一觉，儿子们会发现父亲还在台灯下或埋头计算，或奋笔疾书。

孩子们从小就被母亲灌输了一个概念，那就是父亲的工作很重要，也很辛苦，我们应该注意尽量不去打扰他。童年时，他们只是为此在家中放轻走路的脚步，压低说话的声音；少年时，他们乐于帮点儿小忙，当父亲需要做模型时，便分头去搜集硬纸板，供他制做类似沙盘的模型；青年时，他们几乎包揽了父亲需要的文字录入工作。

帮忙录入文字让儿子们有机会陪着父亲工作到深夜，连续熬上一两个夜晚，年轻人都会感到疲惫不堪，兄弟三人轮换着“上岗”，有了“开夜车”的亲身体验后，便会不由地心生感慨：是怎样强大的内在动力支撑着父亲，能够长年累月地这样焚膏继晷。

童铠从不强求儿子们学什么和做什么，认为任何人的成长都应该有自己的空间，希望他们几个都能根据自己的兴趣去走自己的人生之路，只是适时地告诫他们“无论学什么、做什么都要认真学、认真做，力求学深学透，做到无懈可击”。

长年陷于做不完的工作中，却丝毫也不影响他在儿子们的成长过程中潜移默化地起到非常关键的作用，成为他们从男孩子到男子汉的引路人。对父亲，儿子们都心怀理解、钦佩和爱戴，碰到比较重大的问题都会去请教他，有时候一句鼓励的话，一个赞许的微笑，都可能产生事半功倍的激励效果。

曾经一度出国留学的热潮波及诸多莘莘学子，而按当时的政策要求，申请留学必须有海外关系证明。于是，不少家长挖空心思地四处找关系为孩子开证明，童铠却对儿子们明确表态：“过去政治运动多，人人都怕有海外关系，避之唯恐不及，现在却千方百计编造一个海外关系。这种事我们不能做，想出国深造是件好事，但不能靠投机取巧，要凭自己的实力去争取。”

升学要凭实力，就业也不能利用关系，按童铠在航天领域的资历、贡献和人脉，给孩子安排个职位，只要肯张口，不是办不到的事。三个儿子却谁也没有沾过父亲的光，他们很早就懂得了“前途要靠自己打拼，工作不分贵贱，必须要有敬业精神”。

著名作家汪曾祺有篇记述父子关系的散文，题目引用了其父的一句名言“多年父子成兄弟”。这应该是一种最为理想的父子关系，不是说长幼无序，而是强调一种没有代沟、亲近、融洽、平等的状态。在该文结尾处，作家还强调了“作为一个父亲，应该尽量保持一点童心”。

童铠和儿子们的关系就近乎这种状态。他很少居高临下地说教，总是喜欢平等地与他们进行交流和沟通。即便是搞经济学研究的儿子，也不用愁与老爸间没有共同的话题，怎样从错综复杂的现象中总结出经济规律，如何用规律来指导实践才能取得最佳效果，都可以展开讨论和得到启迪。

2004年，童铠在家中与夫人及儿子、儿媳、孙子、孙女合影

父亲以言传身教影响着儿子，二人看同一本书，儿子很快就看完了，等到相互交流时，才发现父亲不是反应慢，而是看得深入，分析得透彻，不做表面功课。父亲也受益于儿子，家里拥有第一台电脑时，已经60出头的老爸拜儿子为师，如饥似渴地学习，虚怀若谷地请教，很快就掌握了软件编程，并及时应用到工作中。

更为难得的是作为“资深”的父亲，童铠仍然保持着一颗充满好奇的童心，突出的表现是对层出不穷的小家电长期保持浓厚的兴趣。便携式CD机、MP3播放机、BP机、手机、电子词典、电子记事本、电子计步器等，他都是最早的积极使用者。

父爱如茶，不能浅尝，只有用心细品，才能尽享其甘甜；父爱如禅，无法言说，只有用心参悟，才能感受其宽厚；父爱如山，毋需渲染，只有用心丈量，才能体味其高远。

童家三兄弟享受并领悟了如茶、如禅、如山的父爱，都为能够拥有这样的父亲而感到庆幸和自豪，也都视父亲为处世为人的楷模。尽管并没有子承父业，但从他们待人接物、举手投足间，都可以看到其父的影子。更重要的是，他们都秉承了父亲温润如玉的品性和饱满的爱国情怀，遵循着父亲求真务实的教诲，在各自不同的工作领域努力倾注着心血和才智。

童铠

童铠院士传记

Academician Tong Kai's Biography

第二十四章

鞠躬尽瘁 薪尽火传光不灭

年龄并未妨碍他跨入新的研究领域，精力和创造力丝毫无逊于年轻人，时不我待的紧迫感更增添了向新学科迈进的决心，古稀之年仍充满创造力地活跃在科研第一线，以致人们常常会忘记他的年龄。

率众完成国家大型重点工程的研制工作，有人打一两次胜仗便名满天下。101 雷达、450-1 与 450-2 丙、CDAS、北斗导航，童铠先后打赢了四场大战役，而且赢得非常漂亮——每一项工程均达到甚至超过了国际先进水平，但由于航天战线的特殊性，以及其自身谦逊低调的为人，一直以来，他的社会知名度并不高。

能者多劳，除了上述“四大战役”之外，身为五院科技委常委、副主任，他同时还承担了许多其他的工作任务，也都取得了无往不胜的骄人业绩。正是这持续不断的精彩，铸就了他独特的个人魅力，使他在业内享有“最能解决技术问题的大专家”的美誉。

20 世纪 90 年代初，美国摩托罗拉公司推出铱星卫星移动通信系统计划，利用 66 颗地球轨道通信卫星，将部分在地面交换的信息搬到天上，形成一个全球覆盖的、可以在任何时间任何地域实现全球移动通信的天基卫星通信网络系统。

该计划引起童铠的极大兴趣，他及时开始了跟踪研究，先后发表《全球移动通信“铱”系统计划》和《我国卫星移动通信、导航定位及航天测控技

童铠在北京卫星移动通信国际学术会议上作报告

术发展趋向研讨》的论文，并率先倡议我国建立自主同步轨道卫星移动通信系统，以实现可手持机一跳通信的技术途径。他利用新的计算方法比较出高、中、低轨道各种卫星移动通信系统的信道能力，还从我国经济、技术以及世界市场竞争态势上论证了高轨道技术实现的可行性。

中国载人航天工程办公室组织论证我国的卫星移动通信系统，由陈芳允院士任组长，童铠任副组长，集合了国内航天、通信、电子、邮电、交通、军队等有关部门的专家学者，开展论证我国的卫星移动通信的发展道路。

当时，摩托罗拉公司来游说，希望我国能够参加“铱”系统计划。苏联则适时提出了类似的系统COSCON，轨道相对较高，对覆盖高纬度地区比较有利，也提出来希望和我国合作发展。究竟是应该与美国合作，还是与苏联合作，抑或搞我们自己的卫星移动通信系统，是论证的焦点。

美国的“铱”系统采用了点波束复用的技术，利用点波束在覆盖区快速切换，既保证了通信的顺畅，又极大地提高了点波束覆盖区的信号强度，从而可以使地面的终端变得非常小，简单易用。苏联的COSCON系统没有这样的考虑，地面设备的接收天线和发射功率都要求比较大，因而移动性较差。

大部分专家倾向于与美国合作，童铠则坚持认为，我国移动卫星通信系统应该走自己的道路，即：首先利用同步轨道卫星，采用类似“铱”系统的点波束复用技术，也可以完成覆盖我国领土及周边国家的卫星移动通信系统，待国力增强、需求增大之后，再结合低轨道卫星移动通信全球布网，完成全球卫星移动通信系统。

在一次来自全国上百位专家参加的论证会上，他提出了发展我国卫星移动通信的具体路径，并让自己的研究生郭建宁来介绍有关的技术报告。对此，很多专家都有疑问。散会后，童铠要求郭建宁连夜将“铱”系统、COSCON，以及自己设想的同步轨道卫星移动通信的信道分别进行计算，进而对三个系统加以比较。

吃完晚饭，师生二人就开始忙活起来，一个埋头计算，一个在旁边复核，不知不觉就干到了凌晨两三点钟。负责会务的一位同志睡醒一觉出来上厕所，看到他们的房间还亮着灯，好奇地推开虚掩着的门一看，二人竟然还在埋头工作。

他非常感动，主动去食堂拿来些食物给他们充当夜宵，并一再劝阻童铠："您年纪大了，早点休息吧，等年轻人算完后，您再检查也不迟嘛。"

他哪里知道，童铠的工作特点之一就是技术问题不过夜，能够早点弄清楚的绝不肯往后拖。师生二人彻夜未眠，一直忙到了第二天清晨，计算出来的结果让孰优孰劣、何去何从变得清晰可见。

上午的讨论会上，不显丝毫倦态的童铠明确提出："利用我国已基本掌握的相控阵天线技术，用 6 米左右的卫星天线，实现和'铱'系统类似的点波束和波束复用，以及与其类似的地面终端，完全能够覆盖我国和周边地区，而且投资小、见效快、方便用户使用。"

随即，郭建宁遵嘱将连夜计算整理出来的分析结果向大家进行了详细汇报，赢得了与会者们的普遍认可。这次会议之后，相关人员基本统一了意见，确定了我国卫星移动通信发展的技术途径。

航天系统长期以来非常重视卫星型号的研发，相比之下对地面站似乎关注不够。身为五院科技委常委、副主任，童铠完全有能力、有条件争取个卫星型号总师"过把瘾"，也曾有同事这样鼓动过，可他却一笑了之。

在他看来，星地是相互配合、缺一不可的一个整体，不管受不受重视，地面站的工作总得有人来做。几十年来，他一直无条件地服从于工作任务的需要，而从未自己选择过做或不做某项工作，自始至终怀着强烈的事业心和责任感，焕发着持续饱满的积极性和创造热情，毫无保留地倾注了自己全部的心血与才智，不畏艰辛，不辞劳累，不图名利，不计得失。

由于对卫星地面站有深入的理论研究和丰富的实践经验，童铠曾受航天

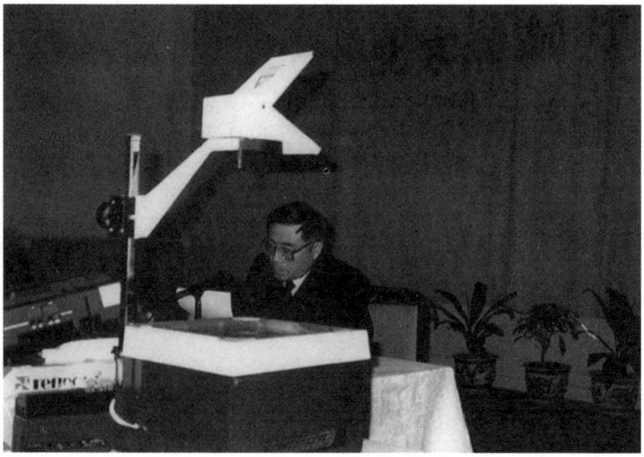

童铠在“92北京新航行系统研讨会”上作报告

工业部委托，指导帮助国家交通部交通通信中心，完成了专用长途通信网北京卫星通信主站系统工程，还曾多次受国家民航总局的邀请，与民航通信、导航、监视等部门进行技术交流，参加“92北京新航行系统研讨会”，并与学生叶飞联名在会上作了题为《我国卫星在未来航行中应用的设想》的报告。

在领导中继卫星的预研工作中，他负责跟踪技术、数据中继卫星大系统设计和卫星总体优化，对于星间链路捕获跟踪技术等关键内容进行了大量的分析、计算和技术把关，取得了一系列显著的研究成果，为型号工程立项发挥了不可低估的重要作用。

他关心、支持中国“国际减灾十年”委员会的工作，与陈芳允、杨嘉墀、沈兰荪三位院士共同撰写了题为《关于建设灾害测报监控系统的建议》的报告，由陈芳允院士在中国科学院地学部召开的“中国自然灾害灾情分析与减灾对策研讨会”上宣读。

他兴趣盎然地开始对深空探测进行初步研究，向国家高技术研究发展计划航天领域（863-2）提出《深空探测飞行器监控与通信系统预先研究》的课题申请，并与陈芳允、杨嘉墀及503所余玉材共同撰写了《发展我国深空探测飞行器测控与通信初步设想》。

年龄并未妨碍童铠跨入新的研究领域，他的精力和创造力丝毫无逊于年轻人，时不我待的紧迫感更增添了他向新学科迈进的决心。进入古稀之年后，他也没有显现出放慢步伐的迹象，仍充满创造力地活跃在科研第一线，以致人们常常会忘记他的年龄。

舍我其谁的高度责任感，义无反顾的勇敢担当，一以贯之的倾力执著，强化了他对事业尽心竭力的投入。高度的专注既是事业成功的必要条件，更是由对科研事业的热爱支撑和推动的，没有由衷的热爱，这样的专注是无法想象的，也是不可能持久的。

然而，人生无常，寿限难测，我们可以增加生命的密度，却无法左右生命的长度。2005 年 8 月 10 日，童铠与世长辞。

消息传开后，众人惊愕不已，悲痛万分。医院给出的报告显示，童铠的去世原因为“心肝肾多脏器衰竭”。虽然生前患有糖尿病、冠心病、肝硬化、腔隙性脑梗死多种疾病，可大家众口一词地认定他是“累死的”。

这种说法也不是空穴来风，对工作的满腔热忱一直延续到他生命的最后一刻。去世前不久，同事和学生们去医院看望，他谈的依然是工作，

童铠（左）与王希季（右）合影

是对新一代导航系统的发展设想，是导航卫星星座的轨道特点。妻子怕他体力不支而有意岔开，不一会儿他就又回到导航的话题上，真的是鞠躬尽瘁、死而后已。

“两弹一星”功勋奖章获得者王希季无限惋惜地说：“童铠是位难得的人才，从方案设想到研制过程中的具体技术问题，没有能难住他的。有的人在实验室出了成果，工程上不一定能用，经他手做的就不存在这样的问题。像他这样既掌握高深理论、又能亲自动手的专家少之又少啊！”

曾任总参测绘局局长的卜庆君将军则无限懊恼地自责：“童铠整整给我们当了十年的总师，加了无数的班，出了那么大的力，我怎么就一分钱都没有给过他呢？！不论是加班费，还是顾问费，他都受之无愧啊！”

“北斗一号”应用工作委员会开会时，全体起立为童铠默哀一分钟。

“人的一生应该这样度过：当他回首往事的时候，不因虚度年华而悔恨，也不因碌碌无为而羞耻……”这是童铠他们那一代人的座右铭，也是他的真实写照。

西方一位哲人说过：“人类幸福的根源是对既定目标的不倦追求，并愿意为之付出毕生精力。”

童铠的既定目标就是为祖国航天事业的发展添砖加瓦，并且心甘情愿地为此付出了毕生的精力。回顾他的人生，学习和工作是其中最重要的组成部分。他钻研业务的刻苦精神不仅足足持续了45年，而且与时俱进，不辍汲取新的知识，不断拓宽研究的领域，从未有所懈怠。

与此同时，他又毫无保留地输出知识，贡献智慧，不论分内分外，解决技术难题有求必应，主持完成的每一项工程均有突破和创新。我国航天事业的历史，正是由诸多一次次突破与创新的串联而发展起来的。

多年置身科研第一线，出色完成工作任务之外，他还陆续发表了50多篇论文，留下上百万字的科技资料，这些研究成果为后来学者提供了新知识，也为学术积累提供了新增量。他作出的种种贡献不仅造福当代，而且泽被后世，其价值绝非是用金钱可以衡量的。

薪尽火传光不灭，虽然离开人世已逾十年，童铠仍活在诸多人的心中，不仅卓著超群的业绩将载入航天史册，泰而不骄、矜而不争的为人风范，居之不倦、行之以忠的敬业精神，更将为后辈传承和发扬。

童铠大事年表

1931 年

9 月 12 日，出生于江苏泰州。

1937 年　6 岁

9 月，就读于洧水桥小学。

1943 年　12 岁

就读于泰州中学。

1946 年　15 岁

考入苏州工业专科学校电机专业。

1949 年　18 岁

考入山东大学工学院电机系。

1950 年　19 岁

加入了中国新民主主义青年团。

11 月，加入中国共产党。

1952 年　21 岁

毕业后留任山东大学工学院电机系无线电教研室助教。

1954 年　23 岁

在上海交通大学师从张煦教授深造。

1955 年　24 岁

留学苏联，就读于列宁格勒电信工程学院。

1959 年　28 岁

6 月，获得副博士学位。

被分配到中国人民解放军电信工程学院担任助教，后担任微波多路通信教研室负责人。

1961 年　30 岁

8 月，被调回北京，分配到国防部五院一分院 12 所，担任无线电制导总体室副主任、15 分队副主任。

1962 年　31 岁

与王德润结为伉俪。

1965 年　34 岁

调至七机部二院 23 所，任总体设计室雷达总体技术副主任。

1969 年　38 岁

被下放至河南省正阳县的“五七干校”。

1978 年　47 岁

3 月，101 雷达获全国科学大会重大科技成果奖，童铠排名第一。

当选为北京市第七届人大代表。

1981 年　50 岁

调至“450”工程办公室，担任办公室副主任、工程副总设计师兼总指挥。

1984 年　53 岁

因“在发展航天事业中贡献突出”，荣立航天工业部一等功。

1985 年　54 岁

12 月，代表中国宇航学会，前往美国夏威夷参加“空间开发与利用”国际学术会议，并在会上宣读了题为《发射同步通信卫星的中国测控系统》的学术报告。

微波统一载波测控系统项目获得国家科学技术进步奖特等奖。

任“450”工程总设计师兼总指挥。

1986 年　55 岁

率领团队启动“双星定位系统研究工作”方案论证工作。

8 月 16 日，503 所成立，被任命为首任所长。

1988 年　57 岁

荣立航天工业部五院二等功。

1989 年　58 岁

被任命为 CDAS 工程总设计师。

因在完成部十项重大试验“东二甲”任务中贡献突出，荣立航天五院二等功。

1992 年　61 岁

双星快速定位系统用户入站突发伪码信号快速捕获系统获得航空航天工业部科技进步奖二等奖，童铠为第一获奖人。

1993 年　62 岁

在双星定位卫星立项和阶段攻关中成绩显著，被评为航天五院先进工作者。

1994 年　63 岁

1 月 4 日，江泽民主席亲自批准“北斗一号”卫星导航定位系统工程立项，童铠为系统应用总设计师。

在双星定位卫星立项和阶段攻关中成绩显著，被评为航天五院先进个人。

1995 年　64 岁

双星导航实时相关接收机获中国航天工业总公司科技进步奖二等奖，童铠为第一完成人。

1997 年　66 岁

10 月 27 日，风云二号气象卫星指令与数据接收站部级鉴定会在北京举行，总设计师童铠进行介绍。

11月29日，CDAS验收交付签字仪式在国家卫星气象中心举行，研制任务圆满完成。

1998年　67岁

“风云二号”指令与数据接收站（CDAS）获中国航天工业总公司科学技术进步奖一等奖，同步数据缓冲器（S/DB）分系统获科学技术进步奖二等奖，标校分系统获科学技术进步奖三等奖，童铠为第一主要完成人。

1999年　68岁

风云二号静止气象卫星指令与数据接收站（CDAS）获国家科学技术进步奖三等奖，童铠为第一完成人。

因在完成CDAS工作中做出了突出贡献，荣立航天五院一等功。

2001年　70岁

因在完成1999—2000年度型号首飞工作中作出了突出贡献，荣立航天五院一等功。

2002年　71岁

申请和参与策划召开主题为“卫星导航星载原子钟与同步技术”的香山科学会议，被推举为会议执行主席，撰写《卫星导航系统对星载原子钟与星地时间同步技术的需求》主题评述报告。

在“军三星”工程研制建设中成绩突出，被总装备部、国防科工委授予先进个人。

2004年　73岁

“北斗一号”卫星导航定位系统地面应用系统获国家科学技术进步奖一等奖，童铠为第四完成人。

因对航天人才培养贡献突出，被中国航天科技集团公司授予贡献奖。

2005年　74岁

国家正式批准“北斗二号”卫星导航定位系统工程立项。

北斗导航系统课题获国家科学技术进步奖一等奖。

8月10日，因病逝世。

童铠文稿目录

[1] 《关于倍频器设计中的几个问题》
作者手稿 1961 年

[2] 《关于单晶体鉴频器的频率特性的分析》
作者手稿 1961 年

[3] 《关于锁定回路电压控制振荡器工作中的几个理论问题》
作者手稿 1962 年

[4] 《正弦振荡频率短期稳定度问题及其测量方法》
本文为 1963 年在电子学会全国年会上的报告

[5] 《“DF-3” 无线电指挥式制导测速定位系统体制选择》
本文是 1964 年科学技术报告 作者童铠、曲礼慧、俞子樑等

[6] 《单脉冲雷达低仰角跟踪时多路径效应问题的分析与试验》
本文为科学研究报告，刊登在国防科委情报资料研究所 1974 年《738 会议录》

[7] 《FFT 在解决脉冲多普勒雷达截获与跟踪高加速目标中的应用》
本文是 1979 年电子学会雷达信号处理会议论文，刊登在《电子学报》VOL.6 1981 年

[8] 《一个大型微波测控设备北京地区校飞试验技术总结》
本文作为 450-1 工程北京校飞技术总结，1981 年测控技术交流资料

[9] 《地面反射对空间等信号面的影响》
本文是 1982 年遥测专业委员会遥测技术学术交流资料 作者童铠、常永生

[10] 《关于二远点捕获问题的意见》

作者手稿　1983 年 8 月

[11]《赴意大利卫星地面站技术考察组工作总结》

作者童铠、张云龙　1984 年 11 月

[12]《由轨道根数求测站观察目标的位置及其有关偏导数计算》

作者手稿　1985 年

[13]《我国同步通信卫星目标散布椭圆预报及目标捕获问题》

本文刊登于 1985 年航天科技会议文献《三三一工程技术总结》 作者童铠、唐建民、范绫波

[14]《CHINA'S SYSTEM OF TTC FOR LAUNCHING GEOSTATIONARY COMMUNICATIONS SATELLITE》

本文为作者在"国际空间开发与应用目标会议" 上的报告 AAS85-605 夏威夷

[15]《A DIGITAL VELOCITY AND ACCELERATION DESIGNATION SYSTEM》

本文系雷达国际会议上的论文　作者童铠、李吉良　1986 年

[16]《卫星导航定位系统的发展概况及其应用前景》

本文刊登在《宇航计测技术》1986 年第 1 期　作者童铠、陆文福

[17]《RDSS 在迅速发展中》

本文刊登在《空间技术应用》1988 年创刊号　作者童铠 、陆文福

[18]《卫星无线电测定业务和标准》

译自（美）M.A 罗恩布拉特，国防工业出版社 1989 年　作者童铠 、陆文福、叶飞、王渊

[19]《中国空间技术成就展望与对未来民用航空 CNS 系统可能作出的贡献》

未来民用航空通信、导航和监视系统技术研讨会　作者童铠 、叶飞　1990 年

[20]《双星快速定位通信系统入站信号快速捕获系统》

本文为 1990 年科学研究报告　作者童铠、陆文福

[21]《实时相关接收机》

本文为北斗导航关键技术攻关试验科学研究报告 1994 年

[22]《给五零四所姚禹飞等同志的回信》

关于 CDAS 原始云图解调器（QPSK）的技术问题

[23]《双星快速定位系统原理》

本文为作者手稿 1990 年

[24]《卫星应用对各部门技术进步的促进作用》

本文为作者手稿 1990 年

[25]《我国一些应用卫星的频段选择问题探讨》

本文为作者手稿 1991 年

[26]《全球移动通信“铱”系统计划》

本文刊登在《小型、轻量、廉价卫星第一次研讨会报告集》中 1991 年

[27]《我国卫星移动通信导航定位及航天测控技术发展趋向研讨》

本文刊登在《测控技术》1991 年第 3 期

[28]《我国应用卫星与卫星应用的发展前景》

本文为作者手稿 1991 年

[29]《NEW DESIGN CONCEPTION AND DEVELOPMENT OF THE SYNCHRONIZER/DATE BUFFER SYSTEM IN CDA STATION FOR CHINA’S GMS》

AAS 91-657 作者童铠、范士明、龚德荣、路祖铭、刘健

[30]《关于建设灾害测报监控系统的建议》

作者陈芳允、杨嘉墀、童 铠、沈兰荪 1991 年

[31]《THE CONSIDERATION ABOUT CONSTRUCTION NATIONAL DISASTER MONITORING, FORECAST AND CONTROL SYSTEM》

Chen Fang-Yun Tong Kai Yang Jia-Chi 1992 年

[32]《参加国际民航组织FANS第二届委员会第二次会议小结》
出访小结　手稿　1991年
[33]《我国卫星在未来航行中应用的设想》
《92北京新航行系统研讨会会议文集》作者童铠、叶飞　1992年
[34]《GLONASS民用的现状、计划和政策》
译自俄 N.伊万诺夫 V.萨力雪夫　《导航卫星专集》作者童铠、郭建宁　1992年
[35]《"无线电测量和轨道数据"介绍》
本文为对《关于空间数据系统标准的建议书　CCSDS 501.0-B-1》的解释　1993年
[36]《我国数据中继卫星系统发展途径探讨》
本文刊登在《93年航天测控技术研讨会论文集》中　1993年
[37]《关于将"中继一号"卫星纳入"921工程"项目的意见》
本文为作者手稿　1992年
[38]《双星定位系统可行性论证报告》
立题论证报告　1993年
[39]《RAPID ACQUISITION OF LONG PSEUDO—NOISESPREAD SPECTRUM CODES》
IAF-93-M.3.32938　1993年
[40]《Primary Analysis of Development Approach to Chinese Satellite Mobile Communication》
ISSN 1004-4132　Tong kai and Guo jian-ning　1993
本文为ISBESA'92论文，刊登在《系统工程与电子技术》1993年第3期
[41]《国外卫星移动通信技术现状和发展趋势》
出国考察技术报告　1994年

[42]《中国卫星移动通信系统发展途径分析》

"95 国际卫星通信广播电视技术交流与设备展示会"会议报告 《卫星应用》1995 年 4 月

[43]《中国卫星移动通信与 APMT》

作者手稿 1996 年

[44]《我国卫星数字通信的发展》

本文为《1996 中国台北无线电技术研讨会》上的演讲 作者童铠、陈世平

[45]《导航卫星的现状与发展》

本文刊登在《五院科技委 1997 年年会科技学术论文集》

[46]《Satellite Mobile Communication in China and APM》

IAF-96-M.3.08 作者童铠、林欣华

[47]《风云二号气象卫星指令与数据采集站》

本文为科学技术报告，刊登在《中国空间科学技术》1998 年第 3 期

[48]《自主研制与对俄合作的关系》

1999 年底赴俄考察 GLONASS 导航系统后的技术汇报

[49]《关于发展我国第二代卫星导航系统的建议》

本文刊登在《我国第二代卫星导航系统发展研讨会文集》 作者童铠、战勇杰 1999 年

[50]《对欧洲导航定位系统的考察报告》

作者童铠、周志成 2000 年

[51]《发展我国深空探测飞行器测控与通信初步设想》

作者陈芳允、杨嘉墀、童铠、余玉材

[52]《关于加速发展我国第二代自主导航卫星系统的建议（摘要）》

本文作为中国工程院信息电子工程学部呈送国务院的报告的附件一

中国工程院文件 中工发（2000）031 号
[53]《卫星导航系统在我国的应用与发展》
本文选自“中国工业高科技论坛”，刊登在《中国航天》2001 年第 12 期
[54]《五院对俄 GLONASS 合作问题的建议》
1999 年底赴俄考察 GLONASS 导航系统后的建议 作者手稿 2001 年
[55]《导航系统对俄合作基本思路及可行性分析》
作者手稿 2000 年
[56]《加强国防科普意识》
本文为作者发言 2002 年
[57]《无线电跟踪、遥测与遥控》
作者在五院卫星型号总师、总指挥培训班讲课稿 2001 年
[58]《中国导航定位卫星系统的进展》
刊登在《中国航天》2002 年第 8 期
[59]《我国卫星导航系统星座方案研究》
作者手稿 2000 年
[60]《对于中、俄、欧导航系统的合作问题》
发言提纲 2001 年
[61]《GPS/GLONASS 与双星定位通信系统的发展关系》
作者手稿 2001 年
[62]《对时间和空间理论学习的初步理解——兼对“航天导航定位理论基础”的一些分析意见》
作者手稿 2001 年
[63]《对新一代导航定位系统四个技术难点的分析意见》
作者手稿 2001 年

[64]《942 工程技术手册》地面应用系统分册

主编童铠，副主编袁树友、李贵琦、谭述森、谢有才等 2000 年

[65]《感念母校培育，汇报科研征程》

《百年山大群星璀璨》 山东大学出版社 2001 年

[66]《香山科学会议申请书》

2002 年申请成功，并定为第 181 次会议，主题为《卫星导航星载原子钟与同步技术》

[67]《卫星导航系统对星载原子钟与星地时间同步技术的需求》

《第 181 次香山科学会议文集》 2002 年

[68]《给宋健院长并转科技部徐冠华部长、自然基金委陈佳洱主任的一封信》

第 181 次香山科学会议执行主席陆建勋、童铠、王义遒 2002 年

[69]《卫星导航系统在我国的应用与发展》

本文是《2003 年北斗导航系统应用论坛》上的报告 2003 年

[70]《关于二代导航系统轨道方案的意见》

作者手稿 2004 年

童铠获重大科研成果奖项

序号	获奖名称	时间	级别	等级	排名
1	101 制导站雷达	1978	国家级	全国科学大会重大科技成果奖	1
2	FFT 在脉冲多普勒雷达中截获与跟踪高速与高加速目标的应用	1981	国防科委	二等	个人
3	试验通信卫星及微波统一载波测控系统	1985	国家级	特等奖	2
4	静止气象卫星同步数据缓冲器（S/DB）方案研究	1991	部级	一等	1
5	相关中频积累器	1991	部级	二等	2
6	双星快速定位通信系统入站信号快速捕获系统	1992	部级	二等	1
7	实时相关接收机	1995	部级	二等	1
8	同步数据缓冲器（S/DB）分系统	1998	国家级	二等奖	1
9	标校分系统	1998	国家级	三等奖	1
10	“风云二号”指令与数据接收站（CDAS）	1998	部级	一等	1
11	“风云二号”指令与数据接收站（CDAS）	1999	国家级	三等	1
12	“北斗一号”地面应用系统	2004	国家级	一等	4

童铠获行政嘉奖

序号	事迹	时间	颁奖部门	称号
1	在发展航天事业中贡献突出	1984	航天工业部	一等功
2	在完成部十项重大试验“东二甲”任务中贡献突出	1989	航天五院	二等功
3	在双星定位卫星立项和阶段攻关中成绩显著	1993	航天五院	先进工作者
4	在双星定位卫星立项和阶段攻关中成绩显著	1994	航天五院	先进个人
5	在完成 CDAS 站工作中作出突出贡献	1999	航天五院	一等功
6	在完成 1999—2000 年度型号首飞工作中作出突出贡献	2001	航天五院	一等功
7	在“军三星”工程研制建设中成绩突出	2002	总装备部、国防科工委	先进个人
8	航天人才培养贡献突出	2004	中国航天科技集团公司	贡献奖

参考文献

[1]《当代中国的航天事业》编辑委员会.当代中国的航天事业[M].北京：中国社会科学出版社，1986.

[2]《中国航天腾飞之路》编辑委员会.中国航天腾飞之路[M].北京：中国文史出版社，1999.

[3] 童铠院士文集[C].北京：中国宇航出版社，2007.

[4] 罗思布拉特.卫星无线电测定业务和标准[M].童铠，等，译.北京：国防工业出版社，1989.

后 记

领受《童铠院士传记》写作任务之际，我刚刚遭遇了失去至亲的打击。为了减轻内心的哀恸和失落，谢绝了亲友们陪伴我外出散心的邀请，一头扎进了访谈与写作的忙碌中。与以往逐步走近传主的写作经验不同，这次是童铠先生走进了我的心，帮助我驱走了内心的孤寂与落寞。

特别要感谢童铠院士的夫人王德润前辈，给了我很大的帮助与支持，很多的关照和温暖，也要向童氏三兄弟致以谢意。

撰写本书的过程中，还得到了陆文福、卜庆君、周志成、董力、姜宗熙、郭建宁等先生和葛淑芬、张秋梅女士的帮助，在此一并致以真诚的感谢。

还要感谢为本书付出辛勤劳动的张铁钧副社长和黄苹、马喆编辑。

受学识及水平的局限，难免挂一漏万，甚至出现谬误，恳请读者朋友批评指正。

朱 晴

2014.10.31